NO DESPERDICIES TU VIDA

John Piper

La misión de Editorial Portavoz consiste en desarrollar y distribuir productos de calidad —con integridad y excelencia—, desde una perspectiva bíblica y confiable, que animen a las personas a conocer y servir a Jesucristo.

Título del original: *Don't Waste Your Life* © 2003, 2009, 2023 por Desiring God Foundation y publicado por Crossway Books, una división de Good News Publishers, Wheaton, IL 60187, U.S.A. Traducido con permiso.

Publicado originalmente por Unilit bajo el título *No desperdicie su vida*. Traducción: Grupo Nivel Uno, Inc. Usada con permiso. Texto revisado y actualizado por Natalia Carrá.

EDITORIAL PORTAVOZ
2450 Oak Industrial Dr. NE
Grand Rapids, Michigan 49505 USA
Visítenos en: www.portavoz.com

978-0-8254-5076-1 (rústica)
978-0-8254-5498-1 (Kindle)
978-0-8254-5499-8 (epub)

2 3 4 5 / 32 31 30 29 28 27 26

Impreso en los Estados Unidos de América
Printed in the United States of America

A Louie Giglio
y la pasión de su corazón,
por la gloria de Jesucristo
en esta generación.

Contenido

Prólogo de 2023

Hace veinte años escribí este libro pensando en los estudiantes. Para mi sorpresa y deleite, durante estas dos décadas, muchas personas con más de cincuenta e incluso más de sesenta años se han visto inspiradas a cambiar sus planes de vida. Parece que estaban a punto de desperdiciar los próximos veinte años de sus vidas en la tontería del ocio perpetuo. Me alegro mucho de estos cambios.

Me pregunto si esto se debe a que "jubilarse" o "retirarse" es como volver a tener veintidós años. La universidad queda atrás y el mundo entero se abre ante ti. Y justo cuando has terminado de leer un folleto sobre cómo vivir los años dorados en un lugar con un clima cálido, llega un libro que te agarra por los hombros, te mira a los ojos y te dice: "¡No desperdicies tu vida!".

El libro sigue siendo para jóvenes, estudiantes o no. Tanto los que empiezan una carrera como los que terminan la carrera de la vida deben ser soñadores. Tienes solo una vida. Luego viene la eternidad. Esa vida tiene diferentes etapas, y ninguna está diseñada principalmente para el ocio.

Ralph Winter dijo: "En América, los hombres no mueren de viejos; mueren de retirarse". Esa es una manera de decir que el alma humana se consume en un exceso de ocio. Es cierto si tienes veintidós años, y es cierto si tienes setenta y dos. Dios nos hizo para algo más grandioso que eso.

Este libro es acerca de un tipo de gozo que nunca termina. La peculiaridad es que este gozo hace que Dios parezca el Tesoro supremo que es. No desperdiciar la vida se basa en el descubrimiento de que nuestro gozo y la gloria de Dios alcanzan juntos la cima.

Una advertencia: el camino del gozo que exalta a Dios te costará la vida. Jesús dijo: «...todo el que pierda su vida por causa de mí y del evangelio, la salvará» (Marcos 8:35). En otras palabras, es mejor perder tu vida que desperdiciarla.

Si vives con gozo para hacer que otros encuentren gozo en Dios, tu vida será dura, tus riesgos serán altos, y tu gozo será pleno. Este no es un libro sobre cómo evitar que nos hieran. Es un libro sobre cómo evitar que nos desperdiciemos. Algunos moriremos en el servicio a Cristo. Eso no será una tragedia. La tragedia consiste en dar más valor a la vida que a Cristo.

Por favor, créeme que oro por ti, tanto si eres estudiante y sueñas con algo verdaderamente radical para tu vida, como si te has retirado ya y no quieres malgastar tus últimos años. Si me preguntas qué es lo que oro, lee el capítulo 10. Esa es mi oración. Recuerda, tienes una sola vida. Eso es todo. Fuiste creado para Dios. No desperdicies tu vida.

John Piper
22 de febrero de 2023

Prólogo de 2003

La Biblia dice: «¿Acaso no saben que su cuerpo es templo del Espíritu Santo, quien está en ustedes y al que han recibido de parte de Dios? Ustedes no son sus propios dueños; fueron comprados por un precio. Por tanto, honren con su cuerpo a Dios (1 Corintios 6:19-20, NVI). He escrito este libro para ayudarte a saborear estas palabras y sentir que son dulces, no amargas ni aburridas.

Tú estás en uno de dos grupos: o eres cristiano, o Dios te llama ahora a convertirte en cristiano. Seguramente no habrías tomado en tus manos este libro si Dios no estuviera obrando en tu vida.

Si eres cristiano, no te perteneces. Cristo te ha comprado al precio de su propia muerte. Ahora perteneces a Dios por partida doble: Él te creó y Él te compró. Esto significa que tu vida no es tuya. Es de Dios. Por eso la Biblia dice: «...Por tanto, honren con su cuerpo a Dios». Él nos creó para esto. Nos compró para esto. Este es el significado de nuestra vida.

Si no eres cristiano aún, esto es lo que Jesús te ofrece: pertenecer a Dios por partida doble y ser capaz de hacer aquello para lo que fuiste creado. Quizá esto no suene demasiado emocionante. Glorificar a Dios no significa nada para ti. Por eso, cuento mi propia historia en los dos primeros capítulos: «Mi búsqueda...» y «...La belleza de Cristo, mi gozo». No siempre tuve en claro que la búsqueda de la gloria de Dios sería prácticamente lo mismo que la búsqueda de mi propio gozo. Ahora veo que millones de personas desperdician sus vidas porque creen que estos caminos son dos senderos diferentes y no el mismo.

Una advertencia: el camino del gozo que exalta a Dios te costará la vida. Jesús dijo: «...El que pierde su vida por causa de mí, la hallará» (Mateo 10:39). En otras palabras, es mejor perder tu vida que desperdiciarla. Si vives con gozo para hacer que otros encuentren gozo en Dios, tu vida será dura, tus riesgos serán altos, y tu gozo será pleno. Este no es un libro sobre cómo evitar que nos hieran. Es un libro sobre cómo evitar que nos desperdiciemos. Algunos moriremos en el servicio a Cristo. Eso no será una tragedia. La tragedia consiste en dar más valor a la vida que a Cristo.

Por favor, créeme que oro por ti, tanto si eres estudiante y sueñas con algo verdaderamente radical para tu vida, como si te has retirado ya y no quieres malgastar tus últimos años. Si me preguntas qué es lo que oro, lee el capítulo 10. Esa es mi oración.

Por ahora, le agradezco a Dios por ti. Mi gozo crece con cada alma que busca la gloria de Dios en el rostro de Jesucristo. Recuerda, tienes una sola vida. Eso es todo. Fuiste creado para Dios. No desperdicies tu vida.

31 de marzo de 2003
John Piper

1

Mi búsqueda de una única pasión por la cual vivir

Mi padre fue evangelista. Cuando yo era niño, había ocasiones, de vez en cuando, en que mi madre, mi hermana y yo viajábamos con él y lo oíamos predicar. Yo temblaba al oírlo. A pesar de su previsible humor al iniciar su prédica, sus palabras me impactaban como algo absolutamente serio. Había un guiño en sus ojos, una tensión en sus labios cuando la avalancha de textos bíblicos llegaba al clímax de su exposición.

«¡La he desperdiciado! ¡La he desperdiciado!»

¡Ah, cómo predicaba! Niños, adolescentes, jóvenes solteros, matrimonios jóvenes, los de mediana edad, ancianos, todos eran retados con la advertencia y el llamado de Cristo al corazón de cada uno. Tenía historias, muchas historias para cada edad: historias de gloriosas conversiones y también de horribles negaciones a creer, seguidas de muertes trágicas. Eran pocas las veces que sus historias no hicieran saltar las lágrimas.

Cuando era niño, una de las ilustraciones más apasionantes que mi fervoroso padre usaba era la historia de un hombre que se convirtió siendo anciano. La iglesia había orado por él durante décadas. Pero era duro y se resistía. Sin embargo, esa vez, por alguna razón, apareció cuando mi padre estaba predicando. Al finalizar el servicio, durante un himno y ante los ojos asombrados de la congregación, se acercó y tomó la mano de mi padre. Se sentaron juntos en el primer banco de la iglesia, mientras las personas salían. Dios abrió su corazón al evangelio de Cristo, fue salvo de sus pecados y recibió la vida eterna. Pero esto no impidió que sollozara y dijera con lágrimas que rodaban por sus mejillas arrugadas: «¡La he desperdiciado! ¡La he desperdiciado!». Y qué impacto causaba en mí oír a mi padre decirlo con lágrimas en los ojos.

Esta historia me atrapaba mucho más que la de la joven pareja que murió en un accidente de tránsito antes de convertirse… era la historia de un anciano que lloraba porque había desperdiciado su vida. En esos años de mi niñez, Dios despertó en mí el temor y la pasión por no desperdiciar mi vida. Pensar en llegar a la ancianidad y decir entre sollozos: «¡La he desperdiciado! ¡La he desperdiciado!» me aterraba.

«Solo una vida, y muy rápido pasará...»

Otra de las fuerzas más fascinantes de mis primeros años —pequeña al comienzo, pero muy poderosa a medida que pasaba el tiempo— era una placa colgada en la pared de nuestra cocina, sobre el fregadero. Nos mudamos a esa casa cuando yo tenía seis años. Así que supongo que leí las palabras de la placa casi todos los días durante doce años, hasta que a los dieciocho fui a la universidad. Era una placa de vidrio muy simple, pintada de negro por detrás, con una cadena dorada como marco. Al frente, en letras blancas de estilo inglés, se leía:

Solo una vida, y muy rápido pasará.
Solo lo que hagamos por Cristo quedará.

A la izquierda de esta leyenda, se veía una verde colina con dos árboles, y un sendero marrón que desaparecía más allá de la colina. Cuántas veces cuando niño, y luego de adolescente, con granos en la cara, con sueños y temores, miré ese camino marrón (mi vida) y me pregunté qué habría del otro lado de la colina. El mensaje era claro: solo tenemos una oportunidad de pasar por ese camino. Eso es todo. Una sola. Y la medida perdurable de esa vida es Jesucristo. Esa misma placa colgó de la pared, junto a la puerta de entrada de nuestro hogar, durante años. La veía cada vez que salía de casa.

¿Qué sería exactamente «desperdiciar mi vida»? La pregunta quemaba. Dicho de modo positivo, sería vivir bien, sin malgastarla, pero ¿haciendo qué? La respuesta a esto era *la* respuesta. Ni siquiera sabía cómo expresarlo con palabras, así que tampoco podía saber cuál era la respuesta. ¿Qué era lo opuesto a desperdiciar mi vida? ¿Tener éxito como profesional? ¿Ser feliz al máximo? ¿Lograr grandes cosas? ¿Encontrar un significado más profundo? ¿Ayudar a la mayor cantidad posible de personas? ¿Servir a Cristo en todo? ¿Glorificar a Dios en todo lo que hiciera? ¿O había un punto, un propósito, un enfoque, una esencia en la vida que contestara todos estos interrogantes, satisfaciendo cada uno de estos sueños?

«Los años perdidos»

Había olvidado lo importante que fue esta pregunta para mí hasta que revisé mis archivos de esos años jóvenes. Cuando estaba a punto de dejar mi casa de Carolina del Sur, en 1964, para no volver nunca más a vivir allí como residente permanente, la Escuela Secundaria Wade Hampton publicaba una simple revista literaria de poemas y cuentos. Hacia el final de la revista, había un poema escrito por Johnny Piper. No te preocupes, no te lo haré leer. No era un buen poema. Jane, la editora, era misericordiosa. Lo que me importa ahora es el título y las primeras cuatro líneas. Se llamaba «Los años perdidos». Junto al poema, había un dibujo de un anciano en su mecedora. El poema comenzaba diciendo:

Durante mucho tiempo, busqué el significado oculto del mundo;
de poco sirvió buscar, porque fue en vano.
Ahora, cuando me acerco al ocaso,
debo comenzar a buscar de nuevo.

En todas estas décadas que me separan del poema, pude oír una y otra vez: «¡La he desperdiciado!». De algún modo, se había despertado en mí una pasión por lo importante en la vida, por su esencia. La pregunta ética de «si hay algo permisible» se esfumaba ante la gran pregunta: «¿Qué es lo que más importa, lo esencial?». Pensar en construir una vida en torno a la moralidad mínima, con el menor significado posible, una vida definida por la pregunta «¿qué es lo permitido?» me parecía casi repulsivo. No quería ser mediocre. No quería vivir en las afueras de la realidad. Quería entender lo más importante de la vida e ir en su búsqueda.

El existencialismo era el aire que respirábamos

Esta pasión por no perderme la *esencia* de la vida, por no desperdiciarla, se intensificó en la universidad… los tumultuosos años de la década de 1960. Había poderosas razones para que esto sucediera, razones que van más allá de la confusión de un adolescente que se hace hombre. La «esencia» era atacada desde todos los flancos. El existencialismo era el aire que respirábamos. Y su significado era que «la existencia precede a la esencia». Es decir, primero existimos y luego, al existir, creamos nuestra esencia. Uno crea su propia esencia, elige libremente lo que quiere ser. No hay esencia fuera de nosotros para tomar como modelo. Llamémosla «Dios», «significado» o «propósito», no hay nada de eso hasta que uno lo crea mediante su propia y valiente existencia. Si frunces el ceño y piensas: *Eso suena a lo que hoy vivimos y llamamos posmodernismo*, no te sorprendas. No hay nada nuevo bajo el sol. Solo hay nuevas formas de envolverlo.

Recuerdo estar sentado en un teatro a oscuras, viendo el resultado del existencialismo, el «teatro de lo absurdo». La obra era *Esperando a Godot*, de Samuel Beckett. Vladimir y Estragon se encuentran bajo un árbol y conversan mientras esperan a Godot. Él nunca llega. Cerca del final de la obra, un muchacho les anuncia que Godot no vendrá. Deciden irse, pero no se mueven. No van a ninguna parte. Cae el telón, y God[ot] (en inglés, *God*=Dios) nunca llega.

Esa era la opinión de Beckett sobre las personas como yo: siempre aguardando, buscando, esperando encontrar la *Esencia* de las cosas, en lugar de crear mi propia esencia mediante mi libre e independiente existencia. No vas a ninguna parte, según Beckett, si buscas un Punto, un Propósito, un Foco o una Esencia trascendentes.

«El hombre de ninguna parte»

Los Beatles presentaron su disco *Rubber Soul* en diciembre de 1965 y cantaban su existencialismo con gran poder de convocatoria para mi generación. Quizá su forma más clara de demostrarlo fue «El hombre de ninguna parte», de John Lennon:

Es un hombre de ninguna parte,
sentado en su tierra de ninguna parte,
haciendo sus planes sin ningún propósito,
para nadie.
No tiene ningún punto de vista,
no sabe hacia dónde va.
¿No es parecido a ti y a mí?[1]

Eran días de cambios, en especial para los estudiantes universitarios. Y, afortunadamente, Dios no se mantenía callado. No todos nos entregábamos al atractivo de lo absurdo y del heroico vacío. No todos se entregaban al llamado de Albert Camus y Jean Paul Sartre. Hasta las voces sin raíces en la Verdad sabían que debía haber algo más, algo que estuviera más allá de nosotros, algo mayor, más importante, por lo que valiera la pena vivir, en lugar de lo que veíamos en el espejo.

La respuesta soplaba en el viento

Bob Dylan rasgueaba sus canciones con mensajes indirectos de esperanza, que surtían efecto precisamente porque daban a entender una Realidad que no nos dejaría esperando para siempre. Las cosas cambiarían. Tarde o temprano, lo lento sería rápido, y los primeros serían últimos.

---

1. Traducción de "Nowhere Man," escrito por: John Lennon y Paul McCartney © 1965 Sony/ATV Music Publishing LLC. Todos los derechos gestionados por Sony/ATV Music Publishing LLC., 424 Church Street, Suite 1200, Nashville, TN 37219. Todos los derechos reservados. Usado con permiso.

Y no sería porque fuéramos los maestros existencialistas de nuestro absurdo destino. Aquella Realidad vendría a nosotros. Es lo que se sentía en la canción «Los tiempos están cambiando»:

La línea está trazada,
la maldición, echada,
el que va último
irá primero.
Lo que es presente ahora
será el pasado.
El orden
se esfuma rápidamente,
y los primeros
serán los últimos
porque los tiempos están cambiando.[2]

A los existencialistas les habrá molestado oír a Dylan porque, quizá sin saberlo, echaba por tierra todo su relativismo con su audaz «*La* respuesta… *la* respuesta», en su éxito «Soplando en el viento»:

¿Cuántas veces debe un hombre
mirar hacia arriba antes de llegar a ver el cielo?
¿Cuántos oídos necesita un hombre
antes de poder oír llorar a los demás?
¿Cuántas muertes harán falta
para que se entere de que han muerto demasiados?

---

2. Traducción de "The Times They Are A-Changin'," escrito por Bob Dylan. Copyright © 1963, 1964 por Warner Bros. Inc.; renovado 1991, 1992 por Special Rider Music. Todos los derechos reservados. Copyright internacional registrado. Usado con permiso.

La respuesta, amigo mío, está soplando en el viento,
la respuesta está soplando en el viento.[3]

¿Cuántas veces puede un hombre mirar hacia arriba sin ver el cielo? Hay un cielo allí arriba. Uno puede mirar diez mil veces y no verlo. Pero eso no afecta a la existencia del cielo. Porque está allí. Y algún día el hombre lo verá. ¿Cuántas veces tendrá que mirar para poder verlo? Hay una respuesta. *La* respuesta, *la* respuesta, amigo mío, no será algo que nosotros inventemos o creemos. Es algo ya decidido. Algo que está fuera de nosotros. Es real, objetiva, firme. Y algún día la escucharemos. No podemos crearla. No podemos definirla. Viene a nosotros, y tarde o temprano llegaremos a conformarnos a ella… o a reverenciarla.

Esto es lo que oía yo en la canción de Dylan y con todo mi ser decía: «¡Sí! Hay una respuesta». No verla implicaría desperdiciar la vida. Encontrarla significaría tener una respuesta para todas mis preguntas.

El sendero que pasaba por la colina verde en el cuadro de nuestra cocina serpenteaba, en esos años de la década de 1960, en medio de las dulces trampas de la necia intelectualidad. ¡Ah, cuán valiente parecía mi generación cuando se apartaba del sendero y pisaba la trampa! Había quienes incluso se ufanaban al decir: «He elegido el camino de la libertad. He creado mi propia existencia. He derrotado las viejas leyes. ¡Mira cómo mi pierna es cortada!».

3. Traducción de "Blowin' in the Wind," escrito por Bob Dylan © 1962 por Warner Bros. Inc.; renovado 1990 por Special Rider Music. Todos los derechos reservados. Copyright internacional registrado. Usado con permiso.

El hombre de pelo largo y pantalones cortos

Sin embargo, Dios en su gracia ponía carteles de advertencia a lo largo del camino. En el otoño de 1965, Francis Schaeffer ofreció una semana de discursos en Wheaton, y en 1968 estos se recopilaron en un libro: *El Dios que está allí.*[4] El título muestra la sorprendente sencillez de su tesis. Dios está allí. No *aquí*, definido y moldeado por mis propios deseos. Dios está *allí*. Objetivo. Una realidad absoluta. Todo lo que vemos como realidad depende de Dios. Hay una creación y un Creador, nada más. Y la creación obtiene su significado y propósito de Dios.

Aquí había un cartel enorme que no pasaba inadvertido: «Mantente en el camino de la verdad objetiva. Así evitarás desperdiciar tu vida. Quédate en el camino trazado por tu fervoroso padre evangelista. No olvides el cuadro de tu cocina. Te indica que desperdiciarás tu vida si andas por la pradera del existencialismo. Mantente en el camino. Hay una Verdad. Hay un Destino, un Propósito y una Esencia en él. Sigue buscando. Lo encontrarás».

Supongo que no tiene sentido lamentarse por tener que pasar los años de universidad aprendiendo lo obvio: hay una Verdad y una existencia, y hay valores objetivos. Como si fuera un pez que va a la escuela para aprender que el agua existe, o un pájaro que aprende que el aire es real, o un gusano que descubre que existe el polvo. Pero pareciera que durante los últimos doscientos años, este ha sido el propósito de una buena educación. Lo opuesto es la esencia de una mala educación. Así que no lamento los años que pasé aprendiendo lo obvio.

---

4. La obra profética de Schaeffer aún es importante en nuestros días. Aliento a todos mis lectores a leer al menos una de sus obras: *Huyendo de la razón* (Viladecavalls: Editorial Clie, 2007; *Él está presente y no está callado* (Miami; Logoi, 1974).

El hombre que me enseñó a ver

De hecho, le agradezco a Dios por los profesores y escritores que dedicaron tan gran cantidad de energía creativa para mostrar y demostrar la existencia de los árboles, el agua, las almas, el amor… y Dios. C. S. Lewis, que murió el mismo día que John F. Kennedy, en 1963, y que era profesor de Inglés en Oxford, cruzó el horizonte de mi senderito marrón en 1964 con tal brillo que no puedo describir en palabras el impacto que tuvo en mi vida.

Me presentaron a Lewis en mi primer año de la universidad mediante su libro *Mero cristianismo*.[5] Durante los siguientes cinco o seis años, siempre tuve cerca un libro de Lewis. Creo que sin su influencia, no habría vivido mi vida con el mismo gozo y provecho. Hay algunas razones para ello.

Me hizo ver el esnobismo cronológico. Es decir, me mostró que la novedad no es virtud, lo viejo no es vicio. Que la verdad, la belleza y la bondad no se determinan por el momento en que existen. Que nada es menos por ser viejo, y nada es más por ser moderno. Esto me libró de la tiranía de la novedad y me abrió las puertas de la sabiduría de los siglos. Hoy la mayor parte de mi alimento espiritual proviene de antaño. Agradezco a Dios por la precisa demostración de Lewis de lo obvio.

Este autor me convenció y demostró que la lógica rigurosa, precisa y penetrante no se opone al sentimiento, la vivacidad e incluso al júbilo de una imaginación viva. Él era un «racionalista romántico». Combinaba cosas que casi todo el mundo supone mutuamente excluyentes: el racionalismo y la poesía, la fría lógica y el calor

5. C. S. Lewis, *Mero cristianismo* (Nueva York: Editorial Rayo, 2006).

de la emoción, la prosa disciplinada y la imaginación libre. Al romper con estos viejos estereotipos, me liberó para que pudiera pensar con lógica y escribir poesía, para que pudiera defender la resurrección y escribir himnos a Cristo, para poder derrumbar un argumento y abrazar a un amigo, para exigir una definición y utilizar una metáfora.

Lewis me dio un intenso sentido de la «realidad» de las cosas. Es difícil describir cuán precioso es esto. Despertar a la mañana y ser consciente de la firmeza del colchón, el calor de los rayos del sol, el sonido del reloj, el verdadero ser de las cosas (él lo llama «esencia»[6]). Me ayudó a sentirme vivo, a ver lo que hay en este mundo... objetos que cuando los tenemos, los damos por sentados o casi los obviamos, pero por los cuales daríamos un millón de dólares en caso de no tenerlos. Hizo que me volviera más consciente de la belleza. Hizo que mi alma se enterara de que hay maravillas cotidianas que despiertan adoración con solo abrir los ojos. Sacudió mi alma dormida y echó sobre mi rostro un balde de agua fría de realidad, para que la vida, Dios, el cielo y el infierno entraran en mi mundo con toda su gloria y horror.

Sacó a la luz la sofisticada oposición intelectual al valor y la existencia objetiva, mostrando su estupidez al desnudo. El rey filosófico de mi generación no llevaba ropa, y el escritor de libros infantiles de Oxford lo decía con todo coraje:

> No podemos seguir para siempre «mirando a través» de las cosas. El propósito de ver a través de

6. C. S. Lewis, *Surprised by Joy* [*Cautivado por la alegría*] (Nueva York: Harcourt, Brace and World, 1955), p. 199. Publicado en español por Editorial Rayo.

> algo es verlo en su totalidad. Es bueno que la ventana sea transparente porque la calle y el jardín que están detrás son opacos. ¿Qué pasaría si miráramos también a través del jardín? No sirve de nada intentar «ver a través» de los primeros principios. Si lo hacemos, todo será transparente. Y un mundo completamente transparente sería invisible. Ver «a través» de las cosas equivale a no ver nada.[7]

¡Cuánto más podría decirse del mundo según lo veía C. S. Lewis! Él tiene sus fallas, algunas de ellas graves. Pero jamás dejaré de agradecer a Dios por este maravilloso hombre que se cruzó en mi camino en el momento preciso.

Una novia es un hecho innegablemente objetivo

Hubo otra fuerza que también solidificó mi inflexible creencia en la existencia innegable de la realidad objetiva. Su nombre era Noël Henry. Me enamoré de ella en el verano de 1966. Demasiado temprano, quizá. Pero dio resultado; todavía la amo. No hay nada más poderoso que la necesidad de mantener a una esposa e hijos para apagar el fuego de una imaginación filosófica.

Nos casamos en diciembre de 1968. Es bueno llevar a cabo lo que uno piensa sobre las personas. Desde ese momento, todos mis pensamientos han tenido lugar en una relación personal. No hay meras ideas, sino ideas que se relacionan con mi esposa, mis cinco hijos y un número creciente de nietos. Le agradezco a Dios por la parábola de Cristo y la iglesia con la que he estado comprome-

7. C. S. Lewis, *The Abolition of Man* [*La abolición el hombre*] (Nueva York: Macmillan, 1947), p. 91. Publicado en español por Madrid Encuentro.

tido durante décadas. Hay lecciones sobre una vida no desperdiciada que quizá jamás hubiese aprendido sin esta relación. Así como también hay lecciones en la soltería que quizá no pudieran aprenderse de otro modo.

Te bendigo por mi vida, mononucleosis

En el otoño de 1966, Dios hizo que mi sendero se estrechara aun más. Cuando Él efectuó su movimiento decisivo, Noël se preguntó dónde estaría yo. Había empezado el semestre de otoño, y yo no aparecía en la clase ni en la capilla. Finalmente me encontró acostado en la enfermería con mononucleosis, donde permanecí durante tres semanas. El plan de vida del que había estado tan seguro durante cuatro meses se me escurrió entre los dedos.

En mayo había sentido una gozosa confianza… mi vida sería de mayor utilidad si estudiaba Medicina. Me encantaba la Biología y la idea de sanar a las personas. Me gustaba saber, por fin, qué era lo que estaba haciendo con mi vida. Me inscribí en las clases de Química en la escuela de verano para poder tomar el curso de Química orgánica en el otoño.

Con la mononucleosis, perdí tres semanas de Química orgánica. Ya no podía seguir con mi plan. Pero lo más importante fue que Harold John Ockenga, pastor de la Iglesia Park Street, de Boston, predicaba en la capilla cada mañana esa semana. Yo escuchaba la emisora de radio de la universidad. Jamás había oído tal presentación de las Escrituras. De repente, ante mis ojos, toda la gloriosa objetividad de la realidad se centró en la Palabra de Dios. Estaba allí en la cama y sentía que despertaba de un sueño. Y ahora que había despertado, ya sabía qué haría.

Noël vino a visitarme, y le pregunté:

—¿Qué dirías si en lugar de estudiar Medicina ingreso al seminario?

Como siempre, su respuesta fue:

—Si Dios te envía allí, iré contigo.

Desde entonces, jamás volví a dudar acerca de mi vocación en la vida: sería ministro de la Palabra de Dios.

2

La revelación: La belleza de Cristo, mi gozo

En 1968 no tenía idea de lo que sería para mí el ministerio de la Palabra. Ser pastor era algo muy alejado de mis expectativas, como lo era para Noël ser esposa de un ministro. ¿Qué haría entonces? ¿Sería maestro, misionero, escritor, profesor de Literatura teológica? Solo sabía que la realidad para mí se había centrado en la Palabra de Dios. El gran Punto y Propósito, la Esencia que anhelaba encontrar, se había conectado de manera ineludible con la Biblia. El mandato era claro: «Procura con diligencia presentarte a Dios aprobado, como obrero que no tiene de qué avergonzarse, *que usa bien la palabra de verdad*» (2 Timoteo 2:15). Para mí, eso significaba el seminario, con un enfoque sobre el entendimiento y el buen uso de la Biblia.

Aprender a no decapitarme

La batalla por aprender lo obvio continuaba. El ataque moderno sobre la realidad —que existe una realidad objetiva fuera de nosotros que puede conocerse verdaderamente— había convertido el estudio de la Biblia en un pantano de subjetividad. En la iglesia, esto se evidenciaba en los pequeños grupos que intercambiaban sus impresiones subjetivas sobre qué dicen los textos bíblicos «según mi parecer» y sin ancla alguna en el significado original.

Se podía ver en los libros académicos, donde los estudiosos creativos se decapitaban arguyendo que los textos no tenían significado objetivo.

Si hay una sola vida en este mundo, la cual no podemos desperdiciar, no había para mí nada más importante que encontrar lo que Dios realmente quería decir en la Biblia al inspirar a los autores para que la escribieran. Si era eso lo que podía conseguir, nadie podría decir cuál vida era valiosa y cuál se desperdiciaba. ¡Me sorprendía la habilidad de los estudiosos y autores que utilizaban sus poderes intelectuales para anular lo que ellos mismos habían escrito! Es decir, expresaban teorías de significado que argüían que no había un significado único y válido en los textos. Las personas comunes que leen este libro encontrarán (espero) que esto es increíble. No los culpo. Lo es. Pero en realidad, aun hoy hay profesores muy bien pagados y de renombre que utilizan el dinero de nuestro presupuesto de educación para enseñar que «como la literatura no transmite la realidad con exactitud, las interpretaciones literarias no transmiten necesariamente la realidad de la literatura».[1]

En otras palabras, como no podemos conocer la realidad objetiva fuera de nosotros, tampoco puede haber un significado objetivo en lo que escribimos. Por lo tanto, la interpretación no implica encontrar una cosa objetiva colocada por un autor en un texto, sino simplemente la expresión de las ideas que vienen a nuestra mente a medida que leemos. Pero no importa porque cuando otros lean lo que escribimos, tampoco tendrán acceso a

1. E. D. Hirsch, *Validity in Interpretation* (New Haven, CT: Yale University Press, 1967), p. ix. Esta cita no refleja lo que Hirsch cree, sino lo que refuta.

nuestra intención. Es todo un juego. Sin embargo, es un juego siniestro, porque todos estos profesores y estudiosos insisten en que sus propios contratos y cartas de amor se midan por una regla: la de su intención al escribir. Sin embargo, toda confusión creativa de ver un «sí» donde hay escrito un «no», no lo aceptará ningún banco ni tampoco un consejero matrimonial.

Y así fue como el existencialismo se metió con la Biblia: la existencia precede a la esencia. Es decir, no *encuentro* un significado, sino que lo *creo*, lo invento. La Biblia es arcilla, y yo soy el alfarero. La interpretación es un acto de creación. Mi existencia como sujeto crea la «esencia» del objeto. No te rías. Hablan en serio. Y siguen haciéndolo, aunque hoy lo llaman con nombres diferentes.

Defender el brillo del sol a pleno día

A esta mezcla de subjetividad, llegó un profesor de Literatura de la Universidad de Virginia, E. D. Hirsch. Al leer su libro *Validity in Interpretation* [Validez en la interpretación] durante mis años en el seminario, repentinamente sentí que encontraba una roca bajo mis pies en el pantano de los conceptos contemporáneos en cuanto al significado. Al igual que la mayoría de los guías que Dios puso en mi camino, Hirsch defendía lo obvio. Sí, exponía que *hay* un significado original que el escritor tuvo en mente cuando escribió. Y sí, la interpretación válida busca esa intención en el texto y provee buenas razones para defender lo que ve. Me parecía tan obvio como que el sol brilla durante el día. Era lo que todo el mundo supone en la vida cotidiana cuando habla o escribe.

Y quizá algo más importante aún, me parecía cortés su posición. A ninguno de nosotros nos gusta que nuestras palabras se interpreten de manera diferente a la intención con que las pronunciamos. Por eso, la cortesía común, o la regla de oro, indica que leamos lo que otros escriben como nos gustaría que leyeran lo que nosotros escribimos. Me parecía que la cháchara filosófica sobre el significado era una total hipocresía: en la universidad socavo el significado objetivo, pero en casa (y en el banco) insisto en que se tome como válido. Yo no quería ser parte de ese juego. Sonaba a vida desperdiciada. Si no hay interpretación válida basada en objetividad real, en el significado original e inmutable, todo mi ser dice: «Comamos, bebamos y estemos alegres. No le demos importancia a lo que dicen los estudiosos».

La muerte de Dios y la muerte del significado

Las cosas iban tomando forma. Una fría tarde de abril de 1966, en Wheaton College, llevé la nueva revista *Time* a un rincón de la biblioteca del segundo piso y leí el artículo principal: «¿Dios ha muerto?» (8 de abril de 1966). Los «ateos cristianos», como Thomas J. J. Altizer, respondían que sí. No era novedad. Friedrich Nietzsche había escrito el obituario unos cien años antes: «¿Dónde está Dios?... Les diré. Lo hemos matado, usted y yo. Todos somos sus asesinos... Dios ha muerto. Dios sigue muerto y lo hemos matado».[2] Una confesión que pagó muy caro: Nietzsche pasó los últimos once años de su vida en estado semicatatónico y murió en 1900.

Sin embargo, los valientes «ateos cristianos» de la década de 1960 no computaron el costo de reemplazar a

2. La cita es del aforismo 125 titulado «El loco» en *The Joyful Science*, citado en Damon Linder, «Nietzsche's Truth», *First Things* 125 (agosto a septiembre de 2002), p. 54; disponible en línea en http://www.firstthings.com/ftissues/ft0208/articles/linker.html. Recurso en inglés.

Dios por los superhombres, como los llamaba Nietzsche. Los fuertes tragos de existencialismo les soltaban la lengua a los creativos teólogos, como sucede con los pasajeros de las filas de atrás en un avión. Así que la afirmación suicida de que Dios ha muerto siguió repitiéndose. Y cuando muere Dios, muere el significado de los textos. Si la base de la realidad objetiva muere, lo dicho y escrito sobre esta muere también. Todo va junto.

Mi liberación de la locura del asesinato de Dios en la década de los sesenta me condujo a mi liberación del vacío hipócrita del subjetivismo hermenéutico en los setenta: la noción ambivalente de que no hay significado objetivo en ninguna oración, con la excepción de esta. Ahora estaba listo para la verdadera tarea del seminario: encontrar lo que la Biblia dice acerca de no desperdiciar la vida.

Aprender la «severa disciplina» de leer la Biblia

En este punto, mi deuda con Daniel Fuller es incalculable. Enseñaba hermenéutica, la ciencia de cómo interpretar la Biblia. No solo me presentó a E. D. Hirsch y me obligó a leerlo con rigor, sino que me enseñó a leer la Biblia con lo que Matthew Arnold llama «la severa disciplina». Me mostró lo obvio: que los versículos de la Biblia no son perlas en un collar, sino eslabones en una cadena. Los escritores desarrollaron un patrón unificado de pensamiento. Ellos estaban de acuerdo. «Vengan, pongamos las cosas en claro —dice el Señor—...» (Isaías 1:18, NVI). Esto significa que, en cada párrafo de las Escrituras, uno debe preguntarse cómo cada parte se relaciona con las demás para decir algo coherente. Luego los párrafos deben relacionarse entre sí de la misma manera. Y después los capítulos, y los libros, y así hasta que se encuentra la unidad de la Biblia.

Sentí que mi sendero marrón de la vida había llegado a un huerto, una viña, un jardín que tenía frutos para la mente y el corazón, para la vida. Frutos por doquier. Jamás había visto tanta verdad, tanta belleza condensada en una esfera tan pequeña. La Biblia me pareció entonces, como hoy, imposible de acabar. Es esto lo que soñaba cuando estaba con mononucleosis, cuando Dios me llamó al ministerio de la Palabra. Ahora la pregunta era: ¿Cuál es el Punto, el Propósito, el Foco, la Esencia de este bello vistazo de la verdad divina?

Un atisbo de por qué existimos, yo y todo lo demás

Curso tras curso, las piezas del rompecabezas comenzaron a ocupar su lugar. ¡Qué gran regalo fueron esos tres años de seminario! En la última clase del Dr. Fuller, «La unidad de la Biblia» (también su libro lleva el mismo nombre[3]), se izó la bandera de la unidad por encima de toda la Biblia.

> Dios ordenó una historia de redención cuya secuencia muestra toda su gloria para que, al final, la mayor cantidad posible de personas tuviera los antecedentes históricos necesarios como para engendrar [el más] ferviente amor por Dios… Lo que Dios hace en la historia de la redención es mostrar su misericordia, de modo tal que la mayor cantidad de personas se deleite en Él por toda la eternidad, con todo su corazón, sus fuerzas y su mente… Cuando la tierra de la nueva creación se llene de estas personas, se alcanzará el propósito de

3. Daniel Fuller, *The Unity of the Bible: Unfolding God's Plan for Humanity* (Grand Rapids, MI: Zondervan, 1992).

> Dios al mostrar su misericordia... Todos los hechos de la historia de la redención y su significado según se registran en la Biblia componen una unidad para llegar a este objetivo de manera conjunta.[4]

Contenidas en estas oraciones estaban las semillas de mi futuro. La pasión de mi vida estaba allí. Una de las semillas estaba en la palabra «gloria»: el objetivo de Dios en la historia era mostrar su gloria por completo. Otra semilla estaba en la palabra «deleite»: el objetivo de Dios era que su pueblo se deleitara en Él con todo su corazón. La pasión de mi vida ha consistido en entender, vivir, enseñar y predicar el modo en que estos dos objetivos de Dios se relacionan mutuamente. En realidad, son una misma cosa.

Me parecía cada vez más claro que si quería llegar al final de mi vida sin decir: «¡La he desperdiciado!», tendría que insistir, seguir, continuar, hasta alcanzar el propósito final de Dios y unirme a Él. Si mi vida iba a tener una pasión unificadora, única y de recompensa total, tendría que ser la pasión de Dios. Y si Daniel Fuller tenía razón, la pasión de Dios era la demostración de su gloria y el deleite de mi corazón.

Toda mi vida a partir de ese descubrimiento ha sido la experimentación, el estudio y la explicación de esa verdad. Cada vez se hizo más clara, más cierta, más exigente para mí. Dios glorificado y Dios disfrutado por nosotros son lo mismo. Se relacionan no como animales o frutas, sino como frutas y manzanas. Las manzanas son una clase de fruta. Disfrutar de Dios de manera suprema es

---

4. Ibíd., pp. 453-454.

un modo de glorificarlo. Disfrutar de Dios hace que Él sea valioso y supremo.

Un predicador del siglo XVIII en mi revelación

Jonathan Edwards llegó a mi vida en ese momento con la más poderosa confirmación de la verdad que he tenido fuera de la Biblia. Era poderosa porque mostraba que esto estaba en la Biblia. En el año 2003, se celebró el tricentésimo aniversario de su nacimiento. Fue pastor y teólogo en Nueva Inglaterra. Para mí se ha convertido en el maestro más importante, con la excepción de los maestros contenidos en la Biblia. Nadie, fuera de los maestros de la Biblia, ha logrado dar forma a mi visión de Dios y de la vida cristiana como lo hizo Jonathan Edwards.

Agradezco a Dios porque Edwards no desperdició su vida. Murió repentinamente, como consecuencia de una mala vacunación contra la viruela, a los cincuenta y cuatro años. Pero había vivido bien. Su vida es inspiradora a causa de su celo por no desperdiciarla y debido a su pasión por la supremacía de Dios. Considera algunas de las resoluciones que escribió cuando tenía unos veintitantos años, con el propósito de intensificar su vida para la gloria de Dios:

- Resolución #5: «Resuelvo nunca perder un momento de mi tiempo, sino mejorarlo de la manera más provechosa posible».
- Resolución #6: «Resuelvo que viviré con todas mis fuerzas, mientras viva».
- Resolución #17: «Resuelvo que viviré como desearé haberlo hecho al morir».
- Resolución #22: «Resuelvo conseguir para mí tanta felicidad en el otro mundo como me sea posible,

> con todo el poder, el vigor, la vehemencia y, sí, la violencia de la que soy capaz, y que al punto de quedar exhausto, lo haré en todo lo posible».[5]

Esta última resolución (la #22) puede parecernos demasiado egocéntrica, y hasta peligrosa, si no comprendemos la profunda conexión en la mente de Edwards entre la gloria de Dios y la felicidad de los cristianos. La violencia a la que se refería era lo que Jesús quería decir en esencia con: «Por tanto, si tu ojo derecho te es ocasión de caer, sácalo, y échalo de ti; pues mejor te es que se pierda uno de tus miembros, y no que todo tu cuerpo sea echado al infierno» (Mateo 5:29). Y en cuanto a buscar su propia felicidad, recordemos que Edwards estaba absolutamente convencido de que ser feliz en Dios era el modo en que lo glorificamos. Fuimos creados para eso. Deleitarse en Dios no era una preferencia ni una opción de vida; era su gozosa obligación y debería ser la única pasión en nuestras vidas. Por lo tanto, la decisión de maximizar su felicidad en Dios era la de mostrarlo a Él más glorioso que toda otra fuente de felicidad. Buscar la felicidad en Dios y glorificar a Dios era lo mismo.

Mi gran punto de comprensión

He aquí cómo lo explicó Edwards. Predicó un sermón cuando tenía unos veinte años sobre un punto en particular: «Los que son de Dios conocerán una felicidad desconocida e inconcebible». Su texto era 1 Juan 3:2: «...aún no se ha manifestado lo que hemos de ser...».

---

5. Jonathan Edwards, *The Works of Jonathan Edwards*, ed. Edward Hickman, 2 vols. (Edimburgo: Banner of Truth, 1976), 1:xx-xxi.

> [La] gloria de Dios [no] consiste meramente en la percepción de sus criaturas de la perfección de Dios: la criatura puede percibir el poder y la sabiduría de Dios sin deleitarse en ellos, sino aborreciéndolos. Las criaturas que hacen esto no glorifican a Dios. La gloria de Dios tampoco consiste especialmente en hablar de sus perfecciones: las palabras no sirven más que para expresar el sentimiento de la mente. Esta gloria de Dios, por tanto, [consiste] en la admiración y el gozo de las criaturas [y] en la exaltación de la manifestación de su belleza y excelencia... La esencia de glorificar... a Dios consiste, por tanto, en que la criatura se goce en la manifestación de Dios de su belleza, que es el gozo y la felicidad que hemos mencionado. Así veremos que finalmente tiene sentido: el fin de la creación es que Dios pueda comunicar felicidad a la criatura; porque si Dios creó el mundo para ser glorificado en la criatura, Él lo creó para que las criaturas se regocijen en su gloria: hemos demostrado que son lo mismo.[6]

Este fue mi gran punto de comprensión, la iluminación que precisaba. ¿De qué trataba la vida? ¿Para qué vivimos? ¿Por qué existo? ¿Por qué estoy aquí? ¿Para ser feliz? ¿O para glorificar a Dios? Durante años, sin expresarlo con palabras, esto me había parecido una contraposición. O glorificamos a Dios o buscamos la felicidad. Una parecía estar totalmente bien; la otra parecía ser

6. Jonathan Edwards, «Nothing Upon Earth Can Represent the Glories of Heaven», enSermons and Discourses, 1723-1729, ed. Kenneth P. Minkema, vol. 14 de *The Works of Jonathan Edwards*, (New Haven, CT: Yale University Press, 1997), p. 144.

inevitable. Y por eso me había sentido confundido y frustrado durante tanto tiempo.

Sin embargo, el problema era que muchos de los que parecían enfatizar la gloria de Dios en sus pensamientos no parecían disfrutar demasiado de Él. Y muchos de los que parecían disfrutar de Dios al máximo no demostraban perfección en cuanto a su gloria. Ahora tenía ante mí a la mente más brillante de los Estados Unidos de antaño, a Jonathan Edwards, que decía que el propósito de Dios para mi vida era que tuviera pasión por la gloria de Dios y que tuviera pasión por mi gozo en esa gloria, y que ambas eran una misma pasión.

Cuando vi esto supe, por fin, lo que sería desperdiciar una vida y cómo evitarlo.

Dios me creó a mí, y a ti, para vivir con una pasión transformadora, abarcadora, única: la pasión por glorificar a Dios al disfrutar y demostrar su suprema excelencia en todas las esferas de la vida. Las acciones de disfrutar y demostrar son cruciales. Si intentamos demostrar la excelencia de Dios sin gozo, mostraremos una cáscara de hipocresía y crearemos desprecio o legalismo. Pero si afirmamos disfrutar de su excelencia y no la demostramos para que otros la vean y admiren, nos engañaremos porque la marca registrada del gozo de Dios debe desbordarse y expandirse, extenderse hacia el corazón de los demás. La vida desperdiciada será la vida sin pasión por la supremacía de Dios en todas las cosas y por el gozo de todas las personas.

La razón más clara que explica nuestra existencia

La Biblia es clara como el agua: Dios nos creó para su gloria. Así dice el Señor: «Diré al norte: Da acá; y al sur: No detengas; trae de lejos mis hijos, y mis hijas de los confines de la tierra, todos los llamados de mi nombre; *para gloria mía los he creado…*» (Isaías 43:6-7). Desperdiciamos nuestra vida cuando no vivimos para la gloria de Dios. Y me refiero a *toda* la vida. Por eso la Biblia incluye detalles como comer y beber: «En conclusión, ya sea que coman o beban o hagan cualquier otra cosa, *háganlo todo para la gloria de Dios*» (1 Corintios 10:31, NVI). Desperdiciamos nuestras vidas cuando no incluimos a Dios en nuestra comida o bebida, y en toda otra acción, cuando no disfrutamos de Él y no demostramos su gloria.

¿Qué significa glorificar a Dios? Puede ser un giro peligroso si nos movemos sin cuidado. *Glorificar* es como *embellecer*. Pero *embellecer* significa «mejorar la belleza», o hacer algo más bello de lo que ya es. Esto, decididamente, *no* es lo que queremos decir con *glorificar* a Dios. Dios no puede ser más glorioso ni más bello de lo que es. No podemos lograr mejorarlo: «Ni es honrado por manos de hombres, como si necesitase de algo; pues él es quien da a todos vida y aliento y todas las cosas» (Hechos 17:25). *Glorificar* no significa agregar más gloria a Dios.

Es más parecido a *magnificar*. Sin embargo, aquí también podemos equivocarnos. *Magnificar* tiene dos significados distintos. En relación con Dios, uno es adoración, y el otro, maldad. Podemos magnificar como con un telescopio o como con un microscopio. Cuando magnificamos como lo hace un microscopio, hacemos que algo pequeño se vea mayor de lo que es en verdad. Una mota de polvo puede verse como un monstruo. Intentar magnificar a Dios de ese modo es maldad. Pero cuando magnificamos como con un telescopio, hacemos que algo inimaginablemente grande se vea como es en verdad. Con el telescopio espacial Hubble, las galaxias que vemos como cabezas de alfileres en el cielo se revelan por los miles de millones de gigantescas estrellas que las componen. Magnificar a Dios de este modo es adorarlo.

Desperdiciamos nuestras vidas cuando no oramos, ni pensamos, ni soñamos, ni planificamos ni trabajamos para magnificar a Dios en todas las esferas de la vida. Dios nos creó para esto: vivir nuestras vidas de modo que hagan que se vea más la grandeza, la belleza y el infinito valor que Él tiene en realidad. En el cielo nocturno de este mundo, Dios está presente para muchos solo como un puntito, una cabeza de alfiler en un cielo oscuro. Pero Él nos creó y nos ha llamado a hacer que se vea como es en verdad. Esto es lo que significa haber sido creados a imagen de Dios. Debemos transmitir su imagen en el mundo como es realmente.

¿Amar significa engrandecer el objeto de nuestro amor?

Para muchas personas esto no es un acto de amor. No se sienten amados cuando se les dice que Dios los creó para *su* gloria. Se sienten manipulados. Esto es comprensible debido a que el amor se ha distorsionado casi por completo en este mundo. Para la mayoría de las personas, ser amado significa ser objeto de la adulación, de la exaltación del otro. Casi todo lo que hay en la cultura occidental sirve a esta distorsión del amor. Se nos enseña de mil maneras que el amor implica aumentar la autoestima de alguien. El amor es ayudar a que alguien se sienta bien consigo mismo. El amor es darle a alguien un espejo y ayudarle para que le guste lo que ve.

Esto no es lo que la Biblia quiere decir cuando habla del amor a Dios. Amar es hacer lo mejor por alguien. Pero hacer que el propio ser sea el objeto de nuestro mayor afecto no es lo mejor para nosotros. En verdad es una distracción letal. Fuimos creados para ver y saborear a Dios. Para saborearlo hasta satisfacernos por completo y esparcir en el mundo el valor de su presencia. Si no les mostramos a las personas el Dios que nos satisface por completo, no las amamos. Hacerlas sentir bien consigo mismas cuando fueron creadas para sentirse bien al ver a Dios es como llevarlas a los Alpes y encerrarlas en un salón lleno de espejos.

Patología en el Gran Cañón

Los verdaderamente maravillosos momentos de gozo en este mundo no son los momentos de autosatisfacción, sino los de perdón de uno mismo. Es patológico pararse al borde del Gran Cañón y contemplar nuestra propia grandeza. En esos momentos, buscamos un gozo magnífico que proviene de nuestro exterior. Y cada uno de esos preciosos y poco frecuentes momentos en nuestra vida —junto al Gran Cañón, ante los Andes, bajo las estrellas— es un eco de una excelencia mucho mayor, que es la gloria de Dios. Por eso la Biblia dice: «Los cielos cuentan la gloria de Dios, y el firmamento anuncia la obra de sus manos» (Salmos 19:1).

A veces las personas dicen que no pueden creer que, si hubiera un Dios, este pueda interesarse por el diminuto punto de realidad llamado humanidad sobre el planeta Tierra. El universo, dicen, es tan vasto que el hombre es insignificante en comparación. ¿Y por qué se habría tomado Dios la molestia de crear un punto microscópico llamado planeta Tierra, y a la humanidad, si no fuera a interesarse por nosotros?

Bajo esta pregunta, hay una carencia fundamental de comprensión acerca de lo que es el universo. Se trata de la grandeza de Dios, no de la importancia del ser humano. Dios hizo al ser humano pequeño y al universo grande para decirnos algo de sí mismo. Y nos lo dice para que lo aprendamos y lo disfrutemos: Él es infinitamente grande, poderoso, sabio y hermoso. Cuanto más nos descubra el telescopio Hubble sobre las inexplicables profundidades del espacio, tanto más debiéramos sentirnos admirados por lo que es Dios. La desproporción entre lo que somos nosotros y lo que es el universo es una parábola que nos muestra la desproporción entre lo que somos nosotros y lo que es Dios. Y ni siquiera hace falta mencionarlo. Aquí no se trata de anularnos a nosotros mismos, sino de glorificarlo a Él.

Amar a las personas significa mostrarles al Dios que lo satisface todo

Volvamos al significado de ser amado. La idea se ha distorsionado casi por completo. El amor tiene que ver con mostrarle a un alma mortal la belleza dadora de vida de la gloria de Dios, en especial su gracia. Sí, como veremos, mostramos la gloria de Dios de cien maneras prácticas que incluyen cuidar de la alimentación, la vestimenta, el refugio y la salud de los demás. Esto es lo que Jesús quiso decir con: «Hagan brillar su luz delante de todos, para que ellos puedan ver *las buenas obras de ustedes* y alaben al Padre que está en el cielo» (Mateo 5:16, NVI).

Toda buena obra debiera ser una revelación de la gloria de Dios. Lo que hace de una buena obra un acto de amor no es el acto en sí mismo, sino la pasión y el sacrificio de dar a conocer a Dios en su gloria. Si no buscamos mostrar a Dios, no hay amor, porque Él es lo que más necesitamos. Y tenerlo todo, sin tener a Dios, es morir al final. La Biblia dice que uno puede dar todo lo que tiene y entregar el cuerpo para ser quemado, y no tener amor (véase 1 Corintios 13:3). Si a las personas no les señalamos a Dios para su gozo eterno, no las amamos. Estamos desperdiciando nuestra vida.

¿Es la vida eterna un cielo lleno de espejos?

Ahora pensemos lo que esto significa con respecto al amor de Dios. ¿Cómo nos ama Dios? La simple lógica nos daría la respuesta: Dios nos ama al darnos lo mejor para que lo disfrutemos para siempre, es decir, Él mismo, pues Dios es lo mejor. Pero no dependemos solo de la lógica. La Biblia aclara esto: «Porque de tal manera amó Dios al mundo, que ha dado a su Hijo unigénito, para que todo aquel que en él cree, no se pierda, mas tenga *vida eterna*» (Juan 3:16). Dios nos ama al darnos la *vida eterna* al precio de su Hijo, Jesucristo. Pero ¿qué es la vida eterna? ¿Es la eterna autoestima? ¿Es un cielo lleno de espejos? ¿O de campos nevados, o de campos de golf o de vírgenes de ojos oscuros?

No. Jesús nos dice exactamente lo que significa: «Y esta es la vida eterna: que te conozcan a ti, el único Dios verdadero, y a Jesucristo, a quien has enviado» (Juan 17:3). ¿Qué es la vida eterna? Es conocer a Dios y a su Hijo, Jesucristo. Nada puede satisfacer el alma. El alma fue creada para adorar a una Persona, la única persona merecedora de adoración. Todos los héroes son solo sombras de Cristo. Nos gusta admirar su excelencia. ¡Cuánto más satisfechos nos sentiremos por la única Persona que concibió toda excelencia y personifica toda la capacidad, el talento, la fuerza, el brillo, la sabiduría y la bondad! Esto es lo que he estado tratando de decir. Dios nos ama al liberarnos de la esclavitud del propio ser, para que podamos disfrutar al conocerlo y admirarlo para siempre.

O piensa en cómo lo dice el apóstol Pedro: «Porque también Cristo padeció una sola vez por los pecados, el justo por los injustos, *para llevarnos a Dios...*» (1 Pedro 3:18). ¿Por qué envió Dios a Jesús para que muriera por nosotros? «Para llevarnos a Dios»... a sí mismo. Dios envió a Cristo a morir para que pudiéramos volver a casa, al Padre que lo satisface todo. Esto es amor. El amor de Dios por nosotros es Dios haciendo lo que debe hacer, a un alto precio para sí mismo, a fin de que podamos tener el placer de verlo y saborearlo para siempre. Si esto es cierto, como dice el salmista: «...en tu presencia hay plenitud de gozo; delicias a tu diestra para siempre» (Salmos 16:11), ¿qué debe hacer el amor? Debe rescatarnos de nuestra adicción al propio yo y llevarnos, transformados, a la presencia de Dios.

¿Nos manipulan?

Aquí está la pregunta que puede probar si hemos sido atrapados por la distorsión del amor que nos presenta el mundo. ¿Te sentirías más amado por Dios si hiciera mucho por ti o si, a un gran costo para Él, te liberara de la esclavitud de la autoestima, para que pudieras disfrutar de alabar a Dios para siempre?

Supongamos que respondes: «Quiero ser libre del yo y lleno del gozo de Dios; quiero disfrutar de exaltar a Dios, no a mí mismo. Y quiero que mi gozo pleno dure para siempre». Si respondes de este modo, también tendrás la respuesta para el temor que mencioné antes: Dios solo te manipula al crearte para su gloria. Ahora vemos que al crearnos para su gloria, nos crea para nuestro máximo gozo. Él es más glorificado en nosotros cuando más satisfechos nos sentimos en Él.

Dios es el único ser del universo para quien la autoexaltación es el acto de mayor amor. Todo el que se exalte a sí mismo nos distrae de lo que necesitamos: Dios. Pero si Dios se exalta a sí mismo, llama la atención sobre lo que más necesitamos para sentir gozo. Si los grandes cuadros de los maestros pudieran hablar, y nos vieran caminando por el museo mirando el piso, gritarían: «¡Mírame! ¡Soy la razón por la que viniste aquí!». Y cuando miráramos y disfrutáramos de la belleza de los cuadros, nuestro gozo se vería satisfecho. No nos quejaríamos de que las pinturas hablaran. Habrían evitado que desperdiciáramos la visita. Del mismo modo, ningún hijo se queja: «Me está manipulando», cuando su padre se deleita en hacerlo feliz con su presencia.

Libre por fin para abrazar la única pasión para la que me crearon

Cuando descubrí eso, me sentí libre para afirmar el propósito de Dios para mi vida, revelado en la Biblia. No tenía que temer entre elegir lo bueno o lo inevitable… entre buscar la gloria de Dios o mi gozo. Era libre de sentir la única pasión por la supremacía de Dios en todas las cosas, para gozo de todas las personas. Había sido rescatado de una vida desperdiciada. Ahora la vida tenía un significado esencial, el mismo que tiene la vida de Dios: disfrutar y demostrar su grandeza.

Era libre para aceptar el fin de mi vieja búsqueda: el Punto, el Propósito, el Foco y la Esencia de todo. Era real. Era objetivo. Estaba allí. Se arraigaba en la esencia de lo que Dios es en sí mismo. Él es glorioso, hermoso y magnífico en sus múltiples perfecciones. Estas son infinitas, eternas e invariables. Son la verdad, la justicia, la bondad, la sabiduría, el poder y el amor. El propósito para nuestra existencia fluye de lo que Dios es en sí mismo. La pasión de Dios por su propia gloria da lugar a la nuestra. Es la razón única, integral, transformadora del ser: la pasión de disfrutar y demostrar la supremacía de Dios en todas las cosas para gozo de todas las personas.

Dios nos creó para que vivamos con una única pasión: disfrutar gozosamente y demostrar su suprema excelencia en todas las esferas de la vida. La vida sin pasión es una vida desperdiciada. Dios nos llama a orar, pensar, soñar, planificar y trabajar no para que nos exaltemos, sino para que lo exaltemos a Él en cada esfera de nuestra vida.

Ahora entra la gloria de Jesucristo

Desde el 11 de septiembre de 2001, he visto más claro que nunca lo esencial que es engrandecer la excelencia del Cristo crucificado por los pecadores y resucitado. Cristo debe estar explícito en todo lo que hablamos de Dios. No sirve en estos días de pluralismo hablar de la gloria de Dios de modo vago. Dios sin Cristo no es Dios. Y uno que no sea Dios no puede salvar ni satisfacer el alma. Si seguimos a un falso Dios, sea cual fuese su nombre o su religión, significa que desperdiciamos nuestra vida. Dios en Cristo, ese es el único Dios, el único camino al gozo. Todo lo que he dicho hasta ahora debe estar relacionado con Cristo. La placa de la cocina vuelve a decirnos: «Solo lo que hagamos por Cristo perdurará».

Para llevarnos a este placer supremo y perdurable, Dios hizo de su Hijo Jesucristo un sangriento espectáculo de muerte y sufrimiento de un inocente. Este es el precio de nuestro rescate, el precio de evitar que desperdiciemos nuestra vida. El eterno Hijo de Dios «…no estimó el ser igual a Dios como cosa a que aferrarse». Porque «...estando en la condición de hombre, se humilló a sí mismo, haciéndose obediente hasta la muerte, y muerte de cruz» (Filipenses 2:6-8).

Todas las cosas se crearon para Él

Este Jesús fue y es un hombre histórico real, en quien «...habita corporalmente toda la plenitud de la Deidad» (Colosenses 2:9). Dado que Él es «Dios de Dios, luz de luz, Dios verdadero de Dios verdadero», según dice el Credo Niceno, y como su muerte y resurrección son el acto central de Dios en la historia, no debe sorprendernos ver que la Biblia dice: «...todo fue creado por medio de él y *para él*» (Colosenses 1:16) ¡Para *Él*! Eso significa para su gloria. Y además representa que todo lo que hemos dicho hasta ahora sobre Dios, que nos creó para su gloria, también significa que nos creó para la gloria de su Hijo.

En su oración de Juan 17, lo primero que Jesús pide es: «...Padre, la hora ha llegado; glorifica a tu Hijo, para que también tu Hijo te glorifique a ti» (v. 1). Desde la obra encarnada y redentora de Jesús, Dios es glorificado con gozo por los pecadores solo mediante la glorificación del Dios Hombre resucitado: Jesucristo. Su muerte sangrienta es el centro fulgurante de la gloria de Dios. No hay otro camino hasta el Padre, sino por medio de su Hijo. Todas las promesas de gozo en la presencia de Dios, y los placeres a su diestra, nos llegan solo mediante la fe en Jesucristo.

Si lo rechazamos a Él, rechazamos a Dios

Jesús es la prueba suprema de la realidad para todas las personas y todas las religiones. Lo dijo claramente: «...el que me desecha a mí, desecha al que me envió»

(Lucas 10:16). Las personas y las religiones que rechazan a Cristo rechazan a Dios. ¿Hay alguna otra religión que conozca al verdadero Dios? Aquí está la prueba: ¿Rechazan a Jesús como único Salvador de los pecadores, a aquel que fue crucificado y resucitado por Dios? Si lo hacen, no conocen al Dios Salvador.

Esto es lo que quiso decir Jesús con: «...Yo soy el camino, y la verdad, y la vida; nadie viene al Padre sino por mí» (Juan 14:6). O cuando dijo: «...El que no honra al Hijo, no honra al Padre que le envió» (Juan 5:23). Y también cuando les dijo a los fariseos: «Si Dios fuera su padre —les contestó Jesús—, ustedes me amarían...» (Juan 8:42, NVI).

Es a lo que se refirió el apóstol Juan cuando dijo: «Todo aquel que niega al Hijo, tampoco tiene al Padre. El que confiesa al Hijo, tiene también al Padre» (1 Juan 2:23). O cuando señaló: «Cualquiera que... no persevera en la doctrina de Cristo, no tiene a Dios...» (2 Juan 9).

No sirve de nada el romanticismo de otras religiones que rechazan la obra divina y redentora de Cristo. No conocen a Dios. Y quienes las siguen desperdician trágicamente sus vidas.

Si pudiéramos ver y saborear la gloria de Dios, deberíamos entonces ver y saborear a Cristo. Porque Cristo es «...la imagen del Dios invisible...» (Colosenses 1:15). Para decirlo de otro modo: para abrazar la gloria de Dios, debemos abrazar el evangelio de Cristo. La razón no es solo que seamos pecadores y necesitemos un Salvador que muera por nosotros, sino también que este Salvador es en sí mismo la más completa y hermosa manifestación de la gloria de Dios. Compra nuestro placer eterno e inmerecido, y se convierte en nuestro eterno y merecedor Tesoro.

El evangelio es la buena nueva de la gloria de Cristo

Así se define el evangelio. Cuando nos convertimos mediante la fe en Cristo, lo que vemos con los ojos del corazón es «...la luz del evangelio de la gloria de Cristo, el cual es la imagen de Dios» (2 Corintios 4:4). El evangelio es la buena nueva de la belleza que todo lo conquista. O para decirlo como lo dice Pablo: es la buena nueva de «la gloria de Cristo». Cuando recibimos a Cristo, recibimos a Dios. Vemos y saboreamos la gloria de Dios. No lograremos saborear la gloria de Dios si no la vemos en Cristo. Él es la única ventana por la que un pecador puede ver el rostro de Dios sin quemarse.

La Biblia dice que cuando Dios ilumina nuestro corazón en la conversión, nos da la «...iluminación del conocimiento de la gloria de Dios en la faz de Jesucristo» (2 Corintios 4:6). O vemos la gloria de Dios «en la faz de Jesucristo», o no la vemos jamás. Y «la faz de Jesucristo» es la belleza de Cristo que llega a su máxima expresión en la cruz. El rostro sangriento de Cristo crucificado (¡y triunfante!) es la faz de la gloria de Dios. Lo que en nosotros era estupidez y necedad se convierte en nuestra sabiduría, en nuestro poder y motivo de orgullo (véase 1 Corintios 1:18, 24).

Desperdiciamos nuestra vida si no aceptamos la gloria de la cruz, si no la atesoramos, si no la ponemos en el lugar del más alto precio por todo placer y del mayor consuelo en los momentos de dolor. De eso trata el siguiente capítulo.

3

Gloriarse solo en la cruz, el centro refulgente de la gloria de Dios

Lo opuesto a desperdiciar nuestra vida es vivirla con una pasión que exalte a Dios, que satisfaga el alma. La vida bien vivida debe exaltar al Señor y satisfacer el alma, porque por eso Dios nos creó (Isaías 43:7; Salmos 90:14). Ese fue nuestro tema en el capítulo 2. Y la palabra «pasión» es la adecuada (o, si lo prefieres, celo, fervor, ardor, sinceridad de corazón), pues Dios nos ordena amarlo con *todo* nuestro corazón (Mateo 22:37), y Jesús nos recuerda que a los tibios los vomitará de su boca (Apocalipsis 3:16). Lo opuesto a desperdiciar nuestra vida es vivir con una única pasión, que satisfaga el alma, por la supremacía de Dios en todas las cosas.

¿Cuán seria es la palabra «único»? ¿Puede la vida tener un propósito único? ¿Pueden el trabajo y el ocio, la comida, las relaciones, el amor y el ministerio, todo esto junto, surgir de una misma pasión? ¿Hay algo que sea lo suficientemente profundo, grande y fuerte como para reunirlo todo y mantenerlo unido? ¿Pueden las relaciones sexuales, el trabajo, los automóviles, la guerra, los pañales y los impuestos estar en una unidad que exalte a Dios?

La pregunta nos lleva al mismo lugar en el que quedamos al final del capítulo 2, a saber, la muerte de Jesús en la cruz. Terminamos allí porque vivir para la gloria de Dios debe significar vivir para la gloria del Cristo crucificado. Cristo es la imagen de Dios. Es la suma de la gloria de Dios en forma humana. Y su belleza brilla con mayor fulgor en su hora más oscura.

La Biblia nos impulsa a saber una cosa

Somos conducidos al mismo lugar sangriento por la pregunta de la *única* pasión. La Biblia nos empuja en este camino. Por ejemplo, el apóstol Pablo dijo que su vida y ministerio estaban anclados en un único objetivo: «Me propuse más bien, estando entre ustedes, no saber de cosa alguna, excepto de Jesucristo, y de éste crucificado» (1 Corintios 2:2, NVI). Esto es sorprendente, en vista de la variedad y la cantidad de cosas de las que hablaba. Debe haber algún sentido en que «Jesucristo crucificado» sea la base y la suma de todo lo que dice Pablo. Nos empuja a ver nuestras vidas con un solo punto de enfoque, y la cruz de Cristo es ese punto.

No se necesita saber muchas cosas para que nuestra vida deje una huella perdurable en el mundo. Pero sí debemos saber unas pocas cosas que importan, quizá una sola, y estar dispuestos a vivir y morir por ella. Las personas que dejan un impacto duradero en el mundo no son las que dominan demasiadas cosas, sino las que son maestras en una sola gran cosa. Si queremos que nuestra vida importe, si queremos que las piedrecillas que echemos produzcan olas que lleguen hasta la orilla opuesta y sigan provocando oleaje por toda la eternidad, no necesitamos tener un alto cociente intelectual. No se necesita ser bien parecido, ni rico, ni venir de una buena familia ni haber ido a una buena escuela. En cambio, sí hace falta saber unas pocas cosas grandiosas, majestuosas, invariables, obvias, simples —o una sola que abarque todas estas cualidades— y apasionarse por ellas.

Una tragedia en potencia

Puede que no estemos seguros acerca de querer que nuestra vida se destaque. Quizá no nos importe mucho si logramos distinguirnos por algo grandioso. Solo queremos que las personas nos quieran. Nos sentimos satisfechos si les gusta estar con nosotros. O si tenemos un buen empleo, una buena esposa o un buen esposo, buenos hijos y un lindo automóvil, largos fines de semana, unos pocos buenos amigos, una buena jubilación, una muerte rápida y sin sufrimiento y nada de infierno. Si pudiéramos tener todo eso (incluso sin Dios), nos sentiríamos satisfechos. Esta es una tragedia en potencia. Una vida desperdiciada.

Vidas y muertes que no fueron tragedias

En abril de 2000, Ruby Eliason y Laura Edwards murieron en Camerún, al oeste de África. Ruby tenía más de ochenta años. Fue soltera toda su vida, pero toda su pasión estaba volcada en una sola cosa: hacer que los pobres, los enfermos y los más alejados del mundo conocieran a Jesucristo. Laura era médica, viuda y tenía casi ochenta años. Servía junto a Ruby en Camerún. Fallaron los frenos de su automóvil, y cayeron por un precipicio. Ambas murieron al instante. Le pregunté a mi congregación: «¿Fue una tragedia?». Dos vidas, encendidas por una misma pasión, la de vivir silenciosamente sirviendo a los pobres para la gloria de Jesucristo, mientras la mayoría de sus coetáneos ya disfrutaban, desde hacía unos veinte años, de la vida de descanso después de retirarse. No, eso no es una tragedia. Es una gloria. Esas vidas no se desperdiciaron. Y esas vidas no se perdieron. «Porque todo el que quiera salvar su vida, la perderá; y todo el que pierda su vida por causa de mí y del evangelio, la salvará» (Marcos 8:35).

Una tragedia estadounidense: cómo no terminar tu única vida

Te diré lo que es una tragedia. Te mostraré cómo desperdiciar tu vida. Piensa en esta historia publicada en la revista *Selecciones*, en febrero de 1998, que habla de una pareja que «se retiró antes de tiempo dejando sus empleos en el nordeste del país cuando él tenía cincuenta y nueve años, y ella, cincuenta y uno. Ahora viven en Punta Gorda, Florida, donde viajan en su yate de diez metros de eslora, juegan al *softball* y recolectan caracoles en la playa». Al principio pensé que se trataba de una broma. Un chiste en torno al sueño estadounidense. Pero no lo era. Trágicamente, el sueño era el siguiente: llegar al final de su vida, su única y preciosa vida dada por Dios, y hacer que su última gran obra antes de rendir cuentas frente a Cristo fuera jugar al *softball* y juntar caracoles en la playa. Imagínatelos ante Cristo el gran día del juicio: «Mira, Señor. Mira los caracoles que juntamos». *Esa* es la tragedia. Y hoy hay quienes gastan miles de millones de dólares para convencernos de que vayamos tras ese trágico sueño. Frente a esto, alzo mi protesta: No compres ese sueño. No desperdicies tu vida.

Finge que soy tu padre

Mientras escribo esto, tengo sesenta y tantos años. A medida que pasan los meses, me relaciono con cada vez más personas lo suficientemente jóvenes como para ser mis hijos. Tú puedes estar dentro de esa categoría. Tengo cuatro hijos y una hija. Y hay pocas cosas, si hay alguna, que llenen mis meses y años con un anhelo mayor que el de rogar que ellos no desperdicien sus vidas en alcanzar un «éxito» fatal.

Este anhelo se transfiere fácilmente a ti, sobre todo si tienes unos veinte o treinta años. Te veo quizá como un hijo o una hija, y en estas páginas me acerco a ti como padre, quizá un padre que te ama o aquel que nunca disfrutaste. O el padre que jamás tuvo para ti la visión que tengo yo y que tiene Dios. O el padre que *sí* tiene una visión para ti, pero relacionada con el dinero o el estatus. Miro a través de estas páginas y veo a mis lectores como hijos e hijas, y mi plegaria es: ¡Deseen que su vida cuente para algo importante! Anhelen que su vida tenga significado eterno. ¡Deséenlo! No anden simplemente por la vida sin una pasión.

Me encanta la visión de Louie Giglio

Una de las inspiraciones detrás de este libro fue mi participación en las conferencias para estudiantes universitarios y jóvenes adultos llamadas Pasión 97, Pasión 98, Pasión 99, Un Día (2002) y Un Día (2003). Con Cristo, la chispa detrás de estas reuniones de adoración y movilización de misiones era Louie Giglio. Él llama a los jóvenes a efectuar la Declaración 268. El número proviene de Isaías 26:8: «También en el camino de tus juicios, oh Jehová, te hemos esperado; tu nombre y tu memoria son el deseo de nuestra alma». La primera afirmación de esta declaración dice: «Porque fui creado por Dios y para su gloria, mi deseo es que el propósito apasionado de mi vida sea conocer y disfrutar de Dios ».[1]

1. Véase en línea http://www.268generation.com/268generation/2.0/spanish/ (accedido en 15 de agosto de 2011. Recurso en español).

Esta visión de la vida les presenta a los estudiantes y jóvenes adultos mucho más que la vaciedad del mero éxito o la orgía del receso de primavera. Aquí no hay solo cuerpos. Hay almas. Y no solo almas, sino almas con pasión y deseo. Y no solo deseo de agradar, o de jugar al *softball* y recolectar caracoles en la playa. Aquí hay un deseo por algo infinitamente grande, hermoso, valioso y que satisface por completo nuestra alma: el nombre y la gloria de Dios. «Su nombre y renombre son el deseo de nuestros corazones».

Esto concuerda en todo con lo que escribí en el capítulo anterior y se aplica a la generación de nuestros jóvenes. Esto es lo que deseamos vivir y anhelamos experimentar. Es tácitamente la afirmación para mi vida y la de la iglesia a la que sirvo: «Existimos para esparcir la pasión por la supremacía de Dios en todas las cosas, para gozo de todas las personas, por medio de Jesucristo». No necesitas decirlo con las palabras de Louie Giglio ni con las mías. Pero sea lo que fuese que hagas, encuentra la pasión para tu vida centrada en Dios, que exalte a Cristo y esté saturada de la Biblia. Así encontrarás cómo decirlo, y vivir y morir por ello. Y marcarás una diferencia que perdurará. No desperdiciarás tu vida.

El hombre cuya única pasión convirtió todo lo demás en basura

Te parecerás al apóstol Pablo, como vimos antes, cuando dijo que lo único que quería conocer y saber era de Jesucristo y su crucifixión. Nadie tuvo una visión más concentrada en esta vida. Pablo podía expresarla de diferentes maneras: «Pero de ninguna cosa hago caso, ni estimo preciosa mi vida para mí mismo, con tal que acabe mi carrera con gozo, y el ministerio que recibí del Señor Jesús, para dar testimonio del evangelio de la gracia de Dios» (Hechos 20:24). Una cosa importaba: «¡No desperdiciaré mi vida! Terminaré mi carrera y lo haré bien. Mostraré el evangelio de la gracia de Dios en todo lo que haga. Correré mi carrera hasta el final».

O también podía decir: «Pero cuantas cosas eran para mí ganancia, las he estimado como pérdida por amor de Cristo. Y ciertamente, aun estimo todas las cosas como pérdida por la excelencia del conocimiento de Cristo Jesús, mi Señor, por amor del cual lo he perdido todo, y lo tengo por basura, para ganar a Cristo» (Filipenses 3:7-8). Una cosa importa: conocer y ganar a Cristo. Todo lo demás es basura en comparación con esto.

¿Cuál es la pasión de tu vida que hace que todo lo demás se vea como basura? ¡Ah, que Dios me ayude a despertar en ti una pasión única, por una única y gran realidad que te liberará de los sueños pequeños y te enviará para gloria de Cristo a todas las esferas de la vida secular y a todas las personas de la tierra!

Cristo crucificado, el centro refulgente de la gloria de Dios

Con una oración que pide por esto, retomo lo que dejé en el último capítulo. Allí dije que desperdiciamos nuestra vida si no aceptamos la gloria de la cruz, si no la atesoramos, si no la ponemos en el lugar del más alto precio por todo placer y del mayor consuelo en los momentos de dolor. Lo que nos parecía necio —un Dios crucificado— debe convertirse en nuestra sabiduría, nuestro poder, nuestro único motivo para gloriarnos en este mundo.

En el capítulo 2, dije que Dios nos creó para que vivamos para su gloria, y que cuanto más lo glorificamos, más nos sentimos plenamente satisfechos en Él. Magnificamos el valor de Dios cuando *Él* se convierte en nuestro único motivo para gloriarnos. Y concluí ese capítulo diciendo que esta gloria solo se puede ver y saborear mediante la gloria de Jesucristo en nuestra condición de pecadores. Cualquier otro acercamiento a Dios es simple ilusión o incineración. Si glorificamos a Dios, debemos glorificar a Cristo. Su muerte sangrienta es el centro refulgente de la gloria de Dios. Si Dios es nuestro motivo para gloriarnos, lo que Él hizo y lo que es en Cristo debe ser nuestra gloria.

El sorprendente llamado a gloriarnos en la horca

En cuanto a esto, pocos versículos en la Biblia abarcan más de la exaltación de Cristo que Gálatas 6:14: «Pero lejos esté de mí gloriarme, sino en la cruz de nuestro Señor Jesucristo, por quien el mundo me es crucificado a mí, y yo al mundo». Para decirlo de manera afirmativa: solo debemos gloriarnos en la cruz de Cristo. Es una idea única. Un único objetivo para nuestra vida. Una única pasión. Gloriarnos solo en la cruz. Las palabras «gloriarse en» pueden decirse también como «regocijarse en». Solo regocijarnos en la cruz de Cristo. Pablo nos dice: «Permitan que esta sea su única pasión, su único motivo de gloria, gozo y regocijo». Si me comprendes, y espero que lo hagas antes de terminar de leer este libro, sabrás por qué esto no contradice, sino confirma, lo que escribí en el capítulo 2, en mi oración por ti, lector: *Que lo único que atesores, en lo único que te regocijes y encuentres gloria sea la cruz de Jesucristo.*

El hecho de que Pablo diga que debemos gloriarnos únicamente en la cruz de Cristo puede sorprendernos por dos razones.

Una es que pareciera decir: Gloríense solo en la silla eléctrica, en la cámara de gas, en la inyección letal, en la horca. «No se gloríen en nada, excepto en la cruz de nuestro Señor Jesucristo». No ha habido método de ejecución más cruel y agonizante que ser clavado en una cruz y luego colgado para morir como mero pedazo de carne. Era horrible. No habríamos sido capaces de observar sin gritar, tirarnos del cabello o rasgarnos las vestiduras. Quizá hubiéramos vomitado. Pero Pablo dice que debe ser esta la única pasión en nuestra vida. Esto es lo que nos impacta.

La otra razón es que dice que este debe ser el *único* motivo para gloriarnos. El único gozo. El único regocijo. «Pero lejos esté de mí gloriarme, sino en la cruz de nuestro Señor Jesucristo, por quien el mundo me es crucificado a mí, y yo al mundo». ¿Qué quiere decir con esto? ¿Habla en serio? ¿No hay otro motivo de alegría? ¿No hay otro gozo más que la cruz de Jesús?

¿Y qué de los lugares en los que Pablo utiliza la misma palabra para hablar de gozo, regocijo y gloria en otras cosas? Por ejemplo, en Romanos 5:2: «...nos *gloriamos* en la esperanza de la gloria de Dios». En Romanos 5:3-4: «Y no solo esto, sino que también nos *gloriamos* en las tribulaciones, sabiendo que la tribulación produce paciencia; y la paciencia, prueba; y la prueba, esperanza». En 2 Corintios 12:9: «...de buena gana, me *gloriaré* más bien en mis debilidades, para que repose sobre mí el poder de Cristo». En 1 Tesalonicenses 2:19: «En resumidas cuentas, ¿cuál es nuestra esperanza, alegría o *motivo de orgullo* delante de nuestro Señor Jesús para cuando él venga? ¿Quién más sino ustedes?» (NVI).

«Solo regocíjense en esto» significa «que todo regocijo sea en esto»

Así que, si Pablo puede gloriarse y regocijarse en todas estas cosas, ¿qué quiere decir entonces con "lejos esté de mí gloriarme sino en la cruz de nuestro Señor Jesucristo" (Gálatas 6:14)? ¿Es esto un doble discurso? ¿Uno se regocija en algo, pero luego dice que se regocija en otras cosas? No. Hay una profunda razón por la que todo regocijo y toda gloria debiera ser regocijo en la cruz de Jesucristo.

Pablo quiere demostrar que hay algo que cambiará todos y cada uno de los aspectos de nuestra vida. Quiere decir que para el cristiano, todo otro regocijo, gloria o alegría debiera ser regocijo, gloria y alegría en la cruz. Si nos regocijamos en la esperanza de gloria, debiéramos regocijarnos en la cruz de Cristo. Si lo hacemos en la tribulación porque esta trae esperanza, debemos regocijarnos en la cruz de Cristo. Si nos regocijamos en nuestras debilidades o en el pueblo de Dios, debemos hacerlo en la cruz de Cristo.

Cristo compró todo lo bueno y todo lo malo que se hizo bueno

¿Cómo es esto? Para los pecadores redimidos, toda cosa buena, y toda cosa mala que Dios hace buena, fue obtenida para nosotros por la cruz de Cristo. Apartados de la muerte de Cristo, los pecadores no obtienen más que juicio y condena. Por eso disfrutamos en Jesús de todo lo que obtuvimos mediante la muerte de Cristo, como cristianos, como personas que confiamos en Él. Y todo nuestro regocijo en todas las cosas debe ser regocijo en la cruz, porque todas nuestras bendiciones fueron compradas para nosotros al costo de la muerte del Hijo de Dios, Jesucristo.

Una de las razones por las que no estamos lo suficientemente centrados en Cristo y en la cruz es que no nos hemos dado cuenta de que todo, ya sea lo bueno o lo malo que Dios hace bueno para sus hijos redimidos, fue comprado con la muerte de Cristo por nosotros. Damos por sentados la vida, la respiración, la salud, los amigos... todo lo que tenemos. Pensamos que lo merecemos, que es nuestro derecho. Pero el hecho es que esto no es así. Somos doblemente deudores y nada merecedores.

1) Somos *criaturas*, y nuestro Creador no está obligado a darnos nada, ni la vida, ni la salud ni nada. Nos da, nos quita, y no es injusto con nosotros (Job 1:21).

2) Y además de ser criaturas sin derecho a reclamar ante nuestro Creador, somos *pecadores*. Hemos omitido su gloria (Romanos 3:23). Lo hemos pasado por alto y desobedecido, y no lo hemos amado ni hemos confiado en Él. La ira de su justicia está encendida en contra de nosotros. Lo que merecemos de su parte es juicio (Romanos 3:19). Por eso, cada vez que respiramos, cada vez que nuestro corazón late, cada vez que amanece, cada vez que vemos, oímos, hablamos o caminamos, disfrutamos de un inmerecido regalo por ahora dado a nosotros, los pecadores, que lo único que merecemos es juicio.

¿Misericordia recibida con gusto o ira creciente?

Digo «por ahora» porque si nos negamos a ver a Dios en sus dones, estos terminarán siendo prueba de ingratitud ante el Tribunal Supremo, no regalos de Dios. La Biblia habla de estos, primero como «...las riquezas de su benignidad, paciencia y longanimidad...», que nos señalan el arrepentimiento (Romanos 2:4). Pero cuando presumes de estos dones y no atesoras la gracia de Dios que hay en ellos, «...por tu dureza y por tu corazón no arrepentido, atesoras para ti mismo ira para el día de la ira y de la revelación del justo juicio de Dios» (Romanos 2:5).

Quienes ven la mano misericordiosa de Dios en cada aliento y le agradecen al darle crédito por ello tendrán a Jesucristo delante, para verlo y saborearlo como comprador de todo don inmerecido. Cada latido de nuestro corazón será recibido como regalo de su mano.

Nada merecemos, pero todo lo heredamos... ¿Por qué?

¿Cómo compró Él todo eso? Respuesta: Con su sangre. Si no merezco nada más que la condena a causa de mi pecado, pero obtengo vida y aliento en esta era y gozo eterno en la era por venir, porque Cristo murió por mí, todo lo bueno y todo lo que Dios hace bueno será la recompensa de su sufrimiento y no mérito mío. Esto incluye a toda esa diversidad de la que me maravillé al comienzo de este capítulo. Pregunté: ¿Pueden el trabajo, el ocio, el amor, las relaciones, la comida y el ministerio provenir de una única pasión? ¿Hay algo lo suficientemente fuerte, grande y sólido como para reunirlo todo? ¿Pueden las relaciones sexuales, el trabajo, los autos, la guerra, los pañales y los impuestos tener una unidad que exalte a Dios, que satisfaga nuestra alma? Ahora vemos que toda experiencia en la vida está diseñada para magnificar la cruz de Cristo. O para decirlo de otro modo, todo lo bueno en la vida, y lo malo que por gracia Dios hace bueno, tiene por objeto magnificar a Cristo y a este crucificado.

¿Compró Cristo mi Dodge destrozado?

Hace unos años chocamos, y nuestro Dodge *Spirit* quedó destrozado, pero nadie se lastimó. En esa seguridad, me regocijo. Puedo gloriarme en ello. ¿Por qué no se lastimó nadie? Fue un regalo para mí y para mi familia que no merecíamos. Y no siempre será de ese modo. Pero esa vez sí lo fue, y no lo merecíamos. Somos pecadores y por naturaleza hijos de la ira, apartados de Cristo. ¿Cómo entonces recibimos un regalo así para nuestro bien? Respuesta: Cristo murió por nuestros pecados en la cruz, se llevó la ira de Dios que estaba sobre nosotros y nos dio seguridad, aun cuando no lo merecíamos. Y la gracia omnipotente de Dios obra para bien de nosotros. Así que, cuando puedo gloriarme en nuestra seguridad, me regocijo en la cruz de Cristo.

Luego el seguro nos pagó por el automóvil, y mi esposa Noël tomó el dinero y fue a Iowa para comprar un Chevy *Lumina*, un año más nuevo, y manejó hasta nuestra casa en medio de la nieve. Me regocijo en la sorprendente gracia de tanta abundancia. Así es. Destruimos nuestro automóvil. Salimos ilesos. El seguro nos pagó. Compramos un automóvil nuevo. Y seguimos, como si nada hubiera pasado. Y en gratitud entonces, inclino mi cabeza y me regocijo en las misericordias que damos por sentadas, aun en las cosas materiales. ¿De dónde provienen todas esas misericordias? Si somos pecadores salvos, creyentes en Jesús, provienen de la cruz. Apartados de ella, solo hay juicio, paciencia y misericordia durante un tiempo. Pero si la despreciamos, esa misericordia solamente servirá para intensificar el juicio. Por eso todo lo bueno, todo lo que la mano de Dios hace bueno, es un regalo comprado con sangre. Y toda gloria, todo regocijo, debe ser en la cruz.

Lejos esté de mí gloriarme en una bendición, en el momento que fuera, si mi regocijo no es gloriarme en la cruz de Cristo.

Puedo decir esto también señalando que el designio de la cruz es la gloria de Cristo. El objetivo de Dios en la cruz es que se honre a Cristo. Cuando Pablo dice en Gálatas 6:14: «...lejos esté de mí gloriarme, sino es en la cruz de nuestro Señor Jesucristo», está diciendo que la voluntad de Dios es que la cruz siempre sea magnificada, que el Cristo crucificado siempre sea nuestro regocijo, gozo y alabanza, que Cristo tenga la gloria, el agradecimiento y el honor por todo lo bueno y todo lo malo hecho bueno por Dios en nuestras vidas.

Esparzamos la pasión por el Cristo crucificado... enseñando

Aquí hay una pregunta: Si ese es el objetivo de Dios en la muerte de Cristo (que el Cristo crucificado sea honrado y glorificado por todas las cosas), *¿cómo* obtendrá Cristo la gloria que merece? La respuesta es que a esta generación se le debe enseñar que esto es así. O para decirlo de otro modo: la fuente de regocijo en la cruz de Cristo es la educación acerca de la cruz de Cristo.

Ese es mi trabajo. No estoy solo, pero lo tomo como mi pasión. Es para lo que Dios me llamó en 1966 cuando estaba enfermo de mononucleosis en Wheaton, Illinois. Aquí es a donde me llevaba todo, este es el mandato de Dios: así que vivo, estudio, sirvo, predico y escribo que Jesucristo, el Dios crucificado y resucitado, sea el único motivo de gloria para esta generación. Y si es mi trabajo, también es el tuyo, pero de manera diferente: vivamos y hablemos de modo tal que el valor de «Cristo crucificado» llegue a ser visto y disfrutado por cada vez más personas. Nos costará tan caro como le costó a Él.

El único lugar para gloriarse en la cruz es la cruz

Si deseamos que no haya motivo para gloriarnos excepto en la cruz, debemos vivir cerca de ella. Es más, debemos vivir en ella. Esto quizá nos impacte. Pero es lo que dice Gálatas 6:14: «...lejos esté de mí gloriarme, sino en la cruz de nuestro Señor Jesucristo, *por quien el mundo me es crucificado a mí, y yo al mundo*». Gloriarnos *en* la cruz sucede si estamos *en* la cruz. ¿No es esto lo que dice Pablo? «...el mundo me es crucificado a mí, y yo [he sido crucificado] al mundo». El mundo ha muerto para mí, y yo he muerto para el mundo. ¿Por qué? Porque he sido crucificado. Aprendemos a gloriarnos y regocijarnos en la cruz cuando estamos en la cruz. Y hasta tanto crucifiquemos nuestro propio ser allí, nos gloriaremos en nosotros mismos.

¿Qué significa esto? ¿Cuándo sucedió esto? ¿Cuándo nos crucificamos? La Biblia nos da la respuesta en Gálatas 2:20: «Con Cristo estoy juntamente crucificado, y ya no vivo yo, mas vive Cristo en mí; y lo que ahora vivo en la carne, lo vivo en la fe del Hijo de Dios, el cual me amó y se entregó a sí mismo por mí». Cuando Cristo murió, morimos nosotros. El glorioso significado de la muerte de Cristo es que cuando Él murió, todos los suyos murieron con Él. La muerte que Él murió por todos nosotros se convierte en nuestra muerte cuando nos unimos a Cristo por la fe (Romanos 6:5).

Tal vez digas: «Pero ¿no estoy vivo? Me siento vivo». Bueno, aquí se necesita la enseñanza. Debemos aprender lo que nos sucedió. Alguien debe enseñárnoslo. Por eso en la Biblia leemos Gálatas 2:20 y Gálatas 6:14. Dios nos enseña lo que nos sucedió para que podamos saberlo y conozcamos su manera de obrar con nosotros, y para que podamos regocijarnos en Él, en su Hijo y en la cruz, como debemos hacerlo.

Relacionémonos con la muerte y la vida del Cristo crucificado

Pensemos nuevamente en Gálatas 2:20. Veremos que sí, estamos muertos y que sí, estamos vivos. «Con Cristo estoy juntamente crucificado [así que estoy muerto], y ya no vivo yo, mas vive Cristo en mí; y lo que ahora vivo en la carne [así que, sí, estoy vivo, pero no soy el mismo "yo" que murió] lo vivo en la fe del Hijo de Dios, el cual me amó y se entregó a sí mismo por mí». En otras palabras, el «yo» que vive es el nuevo «yo» de la fe. La nueva creación vive. El creyente vive. Nuestro viejo yo murió en la cruz con Jesús.

Puede que te preguntes: «¿Cuál es la clave para relacionarnos con esta realidad? ¿Cómo hacerla propia? ¿Cómo puedo estar entre los muertos que están vivos con Cristo y que ven, disfrutan y dan a conocer la gloria de la cruz?». La respuesta está implícita en las palabras que hablan *de la fe* en Gálatas 2:20: «...lo que ahora vivo... lo vivo *en la fe* del Hijo de Dios...». Esa es la relación. Dios nos liga a su Hijo mediante la fe. Y cuando lo hace, hay una unión con el Hijo de Dios, de modo que su muerte se vuelve nuestra muerte, y su vida se vuelve nuestra vida.

Morir, vivir y gloriarse en la cruz

Ahora volvamos con todo esto a Gálatas 6:14 y veamos cómo llegamos a vivir totalmente para la gloria de Cristo crucificado: «...lejos esté de mí gloriarme, sino en la cruz de nuestro Señor Jesucristo, por quien el mundo me es crucificado a mí, y yo al mundo». Es decir, no debemos gloriarnos en nada excepto en la cruz. ¿Cómo llegamos a exaltar tan radicalmente la cruz? ¿Cómo ser el tipo de persona que encuentra el origen de su gozo en Cristo y en Cristo crucificado? Respuesta: Ha muerto el viejo yo al que le encanta gloriarse y regocijarse en otras cosas. Por la fe estamos unidos a Cristo. Su muerte es la muerte de nuestra vida de exaltación propia. Hemos resucitado con Él a la nueva vida. Lo que vive ahora es una nueva criatura cuya única pasión es exaltar a Cristo y su cruz.

Para decirlo de otro modo, cuando ponemos nuestra confianza en Cristo, se abroga nuestra esclavitud hacia el mundo y su impresionante atractivo. Somos un cadáver para el mundo, y el mundo es un cadáver para nosotros. O digámoslo de manera positiva según el versículo 15, somos una «nueva creación». El viejo «yo» murió. El nuevo «yo» está vivo. Y el nuevo yo es el yo de la fe. Y esa fe no puede gloriarse en el mundo, sino en Cristo, sobre todo en el Cristo crucificado.

De este modo, nos volvemos tan centrados en la cruz que decimos con Pablo: «Lejos esté de mí gloriarme, sino en la cruz de nuestro Señor Jesucristo». El mundo ya no es nuestro tesoro. No es la fuente de nuestra vida, ni nuestra satisfacción ni nuestro gozo. Cristo sí lo es.

¿Valoraremos las bendiciones que Jesús nos presenta o lo que estas nos muestran de Él?

¿Y qué de la seguridad en el accidente automovilístico? ¿Qué hay del pago del seguro que recibimos? ¿No dije que me alegraba por ello? ¿No es mundano eso? ¿Estoy realmente muerto al mundo? ¿Muerto a los pagos de seguros y a los autos nuevos?

Oro por estar muerto como debiera estarlo. Creo que lo estoy. No perfectamente, de seguro, pero en un sentido real. ¿Cómo puede ser esto? Si me siento contento por la seguridad, la salud o las cosas buenas, y si estas son cosas del mundo —y lo son—, ¿estoy muerto al mundo? Sí, porque estar muerto al mundo no significa no tener sentimientos ante el mundo (véase 1 Juan 2:15; 1 Timoteo 4:3). Significa que todo legítimo placer en el mundo se vuelve evidencia del amor de Cristo —evidencia comprada al precio de su sangre— y una ocasión de gloriarnos en la cruz. Estamos muertos al pago del seguro cuando el dinero no es lo que nos satisface, sino Cristo crucificado, el Dador.

C. S. Lewis ilustra lo que quiero explicar mediante una experiencia que vivió en un cobertizo de herramientas:

> Me hallaba hoy en el cobertizo a oscuras. El sol brillaba afuera, y por la grieta de la puerta entraba un rayo de luz. Desde donde estaba parado, ese rayo, con las motas de polvo que flotaban en él, era algo impactante. Todo lo demás estaba a oscuras. Veía el rayo, pero no lo que este iluminaba.
>
> Luego me moví, de modo que el rayo me daba en los ojos. Al instante, todo lo demás desapareció. No veía el cobertizo. No veía el rayo. Lo que sí veía, a través de la grieta en la puerta, eran las hojas verdes del árbol que estaba fuera, y más allá, a casi ciento cincuenta millones de kilómetros, el sol. Mirar a lo largo del rayo, y mirar el rayo, son dos experiencias muy diferentes.[2]

2. C. S. Lewis, «Meditation in a Toolshed», en *C. S. Lewis: Essay Collection and Other Short Pieces,* ed. Lesley Walmsley (Londres: Harper Collins, 2000), p. 607.

Los rayos de sol de la bendición en nuestras vidas brillan por sí mismos. También iluminan el suelo que pisamos. Pero hay un propósito mayor para estas bendiciones. Dios quiere que hagamos más que solo pararnos al costado y admirarlas. Quiere que caminemos dentro de ellas y veamos el sol de donde provienen. Si los rayos son hermosos, más hermoso aún es el sol. El objetivo de Dios no es que solo admiremos sus regalos, sino, más aun, su gloria.

Morimos al mundo inocente en el fulgor de la gloria de Cristo

Ahora el punto es que la gloria de Cristo, manifiesta especialmente en su muerte y resurrección, es la gloria que está por encima y más allá de toda bendición que disfrutamos. Él compró todo lo que es bueno para nosotros. Su gloria está donde termina la búsqueda de nuestros afectos. Todo lo demás son señales, la parábola de esta belleza. Cuando nuestros corazones avanzan por el rayo de la bendición hacia la fuente, en la fulgurante gloria de la cruz, lo mundano de las bendiciones muere, y Cristo crucificado está presente en todo.

La única vida que glorifica a Dios

Esto no es diferente del objetivo de magnificar la gloria de Dios que vimos en el capítulo 2. Cristo es la gloria de Dios. Su cruz manchada de sangre es el refulgente centro de esa gloria. Mediante la cruz, Cristo compró para nosotros toda bendición, temporal y eterna. Y no merecemos ninguna bendición. Él las compró todas. A causa de la cruz de Cristo, los elegidos de Dios están destinados a ser sus hijos. A causa de su cruz, la ira de Dios ha sido borrada. Mediante su cruz, toda culpa es lavada, todo pecado es perdonado, la perfecta justicia se nos imputa, el amor de Dios es vertido en nuestros corazones por el Espíritu y somos hechos conformes a la imagen de Cristo.

Por ello todo disfrute en esta vida y en la siguiente que no sea idolatría es tributo al infinito valor de la cruz de Cristo, el refulgente centro de la gloria de Dios. Por eso también la vida saturada de la cruz, centrada en la cruz, regocijada en la cruz, es la vida que glorifica a Dios, la *única* vida que glorifica a Dios. Todas las demás son desperdiciadas.

4

La magnificencia de Cristo en el dolor y en la muerte

Vivir para magnificar a Cristo es costoso. Esto no debe sorprendernos. A Él lo crucificaron y lo trataron como si fuera un diablo. Aun así nos llama a seguirlo: «Si alguno quiere venir en pos de mí, niéguese a sí mismo, y tome su cruz, y sígame» (Marcos 8:34). Nos dice que quizá no nos vaya mejor que a Él. «Bástale al discípulo ser como su maestro, y al siervo como su señor. Si al padre de familia llamaron Beelzebú,[1] ¿cuánto más a los de su casa?» (Mateo 10:25).

Sin embargo, sufrir con Jesús en el camino del Calvario del amor no es simplemente el *resultado* de magnificar a Cristo; es también el *medio*. Exaltamos al Señor cuando estamos tan satisfechos en Él que podemos dejar que «todo bien y propiedad desaparezcan, incluida esta vida mortal», y sufrir por causa del amor. Su belleza brilla con mayor intensidad cuando se atesora por encima de la salud, la riqueza y la vida misma. Jesús lo sabía. Conocía que el sufrimiento (sean pequeñas molestias o terribles torturas) sería el camino de esta era para hacerlo a Él visiblemente supremo. Por esa razón, nos llama a esto. Él nos ama. Y el amor no es exaltar al otro ni hacerle la vida

1. En tiempos de Cristo, este era el nombre del príncipe de los demonios, es decir, Satanás o el diablo.

fácil. Significa hacernos capaces de disfrutar al exaltarlo a Él para siempre, sin que importe el precio.

Nos gloriamos mejor en la cruz cuando la cargamos

Y nos cuesta caro. La vida cristiana normal solo puede gloriarse en la cruz, el refulgente centro de la gloria de Dios; y esto será mientras la cargamos. «Y el que no lleva su cruz y viene en pos de mí, no puede ser mi discípulo» (Lucas 14:27). Cargar la cruz es el medio por el que nos liberamos cada vez más para poder gloriarnos en la cruz. El sufrimiento es el designio de Dios en este mundo empapado de pecado (véase Romanos 8:20). Nos muestra el horror del pecado para que el mundo lo vea. Castiga la culpa del pecado en quienes no creen en Cristo. Rompe el poder del pecado en quienes toman su cruz y siguen a Jesús. Y puesto que el pecado es el modo de minimizar la gloria de Dios, el sufrimiento que rompe su poder es una severa misericordia.

Lo que nos hace cada vez más capaces de gloriarnos en Dios es la misericordia, porque no hay gozo mayor que el gozo en la grandeza de Dios. Y si debemos sufrir para poder ver y saborear esto con más intensidad, el sufrimiento es misericordia. Y el llamado de Cristo a tomar nuestra cruz y unirnos a Él en el camino del Calvario es amor.

El libro radical de Bonhoeffer para mi generación

Dietrich Bonhoeffer fue un regalo para mi generación de estudiantes. Oro que su precioso mensaje sea redescubierto por cada generación. Aunque murió a los treinta y nueve años, no desperdició su vida. Su vida y su muerte siguen hablando con todo poder. Fue ahorcado en el campo de concentración de Flossenbürg, Alemania, el 9 de abril de 1945. Fue pastor, maestro y líder de una pequeña escuela en la Iglesia Confesante, y participó en el movimiento de resistencia protestante en contra de los nazis.

El libro que encendió la fe en miles de personas de mi generación se llama *El precio de la gracia: el seguimiento.* Lo leí en las vacaciones de Navidad durante mi último año en la universidad. Quizá la oración más famosa y formativa en este libro sea: «La cruz no es el final terrible de una vida feliz y temerosa de Dios, sino el comienzo de nuestra comunión con Cristo. Cuando Cristo llama, pide que nos acerquemos a Él y muramos».[2] Escapar de la muerte es el camino más corto para desperdiciar la vida.

El libro de Bonhoeffer fue una acusación masiva en contra de la «gracia barata» que él observaba en la Iglesia cristiana a ambos lados del Atlántico. Creía en la justificación por la gracia mediante la fe. Pero no creía que la fe que justifica pudiera dejar a las personas sin cambios si creían en el Cristo en quien decían creer. Esa era una respuesta barata al evangelio. Él dijo: «El único hombre que tiene derecho a decir que es justificado solo por gracia es el que lo ha dejado todo por seguir a Cristo».[3]

Las paradojas de la vida que exaltan a Cristo

La vida dedicada a seguir a Cristo tiene un alto precio. El precio es la consecuencia y el medio de exaltar a Cristo. Si no tomamos con pasión el camino del amor lleno de gozo y dolor, desperdiciaremos nuestras vidas.

2. Dietrich Bonhoeffer, *The Cost of Discipleship* [*El precio de la gracia: el seguimiento*] (Nueva York: Macmillan, 1967), p. 99. Publicado en español por Ediciones Sígueme.

3. Ibíd., p. 55.

Si no aprendemos junto a Pablo las paradojas de la vida que exaltan a Cristo, derrocharemos nuestros días malgastándolos, mientras vamos detrás de pompas de jabón que estallan en seguida. Pablo vivió «como entristecidos, mas siempre gozosos; como pobres, mas enriqueciendo a muchos; como no teniendo nada, mas poseyéndolo todo» (2 Corintios 6:10). El camino del Calvario cuesta y duele, pero también trae gozo.

Cuando aceptamos con gozo el costo de seguir a Cristo, su valor resplandece en el mundo. El costo se convierte en el medio para hacer que Cristo se vea grandioso. Pablo tenía una única pasión en la vida. Hemos visto que lo dice de diversas maneras: no conocer nada sino a Cristo, y a Cristo crucificado (1 Corintios 2:2); solo gloriarse en la cruz (Gálatas 6:14).

La única pasión de Pablo en la vida y en la muerte

Pablo habló de su gran pasión de otro modo, el cual nos muestra cómo el costo de exaltar a Cristo es también el medio. Le dijo a la iglesia de Filipos: «Conforme a mi anhelo y esperanza de que en nada seré avergonzado; antes bien con toda confianza, como siempre, ahora también será magnificado Cristo en mi cuerpo, o por vida o por muerte. Porque para mí el vivir es Cristo, y el morir es ganancia» (Filipenses 1:20-21). Aquí, la pregunta se formula y se responde: ¿Cómo honramos a Cristo con la muerte? ¿De qué manera puede el costo de perderlo todo en este mundo ser el medio de exaltar a Jesús? Oigamos a Pablo con mucha atención. Cristo nos ha llamado a vivir y morir para su gloria. Si sabemos cómo morir bien, sabremos cómo vivir bien. Este texto nos muestra ambas cosas.

De nuevo vemos la única pasión de Pablo en la vida: «Será magnificado Cristo en mi cuerpo, o por vida o por muerte» (v. 20). Si no exaltamos mucho a Cristo en nuestra vida, la desperdiciamos. Existimos para hacer que Él se vea en el mundo como lo que es en realidad: magnificente. Si nuestra vida y nuestra muerte no muestran el valor y la belleza de Jesús, las desperdiciamos. Por eso Pablo dice que su objetivo en la vida y en la muerte es que Cristo sea magnificado.

Nuestra vergüenza y nuestro tesoro

Observa de qué modo inusitado lo aclara en el versículo 20: «Conforme a mi anhelo y esperanza de que en nada seré *avergonzado...*». Detengámonos aquí por un momento. La vergüenza es ese horrible sentimiento de culpa o fracaso que sentimos cuando no llegamos a cumplir las expectativas de las personas que apreciamos mucho. Es lo que siente el niñito en la obra de Navidad, cuando olvida su papel, le brotan las lágrimas, el silencio parece eterno, y los otros niños se ríen sin piedad. Recuerdo esos horribles momentos. Vergüenza es lo que siente el Presidente cuando se revelan las conversaciones secretas, y se oye su lenguaje soez, y queda deshonrado y culpable ante el pueblo.

¿Qué es lo opuesto a la vergüenza? Es cuando el niño recuerda su papel y oye los aplausos. Es cuando el Presidente gobierna bien y es reelegido. Lo opuesto a la vergüenza es recibir honor. Sí, por lo general es así. Pero Pablo era una persona poco común. Y los cristianos debiéramos ser personas muy poco comunes. Para Pablo, lo opuesto de sentir vergüenza no es recibir honor, sino que *Cristo* reciba honor a través de él. «Conforme a mi anhelo y esperanza de que en nada seré avergonzado; antes bien con toda confianza, como siempre, ahora también será magnificado Cristo en mi cuerpo, o por vida o por muerte».

Lo que amamos determinará aquello por lo cual nos avergonzamos. Si amamos demasiado al mundo, sentiremos vergüenza cuando el mundo no nos honre. Pero si lo que amamos es que el mundo exalte a Cristo, sentiremos vergüenza si Cristo no es exaltado por medio de nosotros. Y Pablo amaba más a Cristo que a ninguna otra cosa o persona. «Pero cuantas cosas eran para mí ganancia, las he estimado como pérdida por amor de Cristo. Y ciertamente, aun estimo todas las cosas como pérdida por la excelencia del conocimiento de Cristo Jesús, mi Señor, por amor del cual lo he perdido todo, y lo tengo por basura, para ganar a Cristo» (Filipenses 3:7-8).

Sea lo que fuese que valoremos enormemente, que atesoremos por su belleza, poder o singularidad, queremos que los demás le presten atención, que lo vean con el mismo gozo. Por eso, el objetivo de la vida de Pablo era que Cristo fuera magnificado. Cristo tenía infinito valor para él, y por eso anhelaba que otros pudieran ver y saborear ese valor. Esto es magnificar a Cristo: mostrar la magnitud de su valor.

¿No hace la muerte que magnificar a Dios sea imposible?

Entonces, qué si alguien objetara en este punto y dijera: «Pablo, vemos lo valioso que es Cristo para ti, cómo disfrutas de su compañía, cómo Él te da un ministerio fructífero y rescata tu vida del naufragio espiritual, pero ¿qué significará todo esto en la hora de la muerte?

¿Dónde está entonces el valor de Cristo? Si ser cristiano te cuesta la vida, ¿cómo te ayudará esto a magnificar a Cristo? ¿No te roba la muerte esa misma vida que puede magnificarlo?».

Por eso Pablo agrega al final del versículo 20 su profunda expectativa de que «…será magnificado Cristo en mi cuerpo, o por vida *o por muerte*» (Filipenses 1:20). La muerte es una amenaza hasta el punto de que frustra nuestros objetivos principales. La muerte es temible hasta el punto de que amenaza con robarnos lo que más atesoramos. Pero lo que Pablo más atesoraba era a Cristo, y su objetivo era magnificarlo. Por eso no veía la muerte como la frustración de ese objetivo, sino como ocasión de su logro.

¡La vida y la muerte! Parecen extremos opuestos, enemistados entre sí. Pero para Pablo, y para quienes tienen su misma fe, hay una unidad, porque la misma gran pasión se cumple en ambas cosas, a saber, magnificar a Cristo en este cuerpo, el nuestro, sea en la vida o en la muerte.

En Filipenses 1:21, Pablo nos da un resumen que explica el modo en que espera que Cristo sea magnificado en su vida y su muerte: «Para mí el vivir es Cristo, y el morir es ganancia». Luego en los versículos 22 al 26 explica ambas partes de esta afirmación para que veamos en detalle cómo se magnifica a Cristo en la vida y la muerte.

Veamos esto por partes.

Pablo descubre el secreto de Pedro

Primero: «Para mí… el morir es ganancia». Me pregunto si Pablo en su conversación con Pedro en Jerusalén había hablado de la muerte. Me pregunto si Pedro le contó sobre la experiencia registrada en Juan 21 cuando Jesús, después de la resurrección, le dijo: «De cierto, de cierto te digo: Cuando eras más joven, te ceñías, e ibas a donde querías; mas cuando ya seas viejo, extenderás tus manos, y te ceñirá otro, y te llevará a donde no quieras» (Juan 21:18). Luego Juan agrega la siguiente explicación en su Evangelio: «Esto dijo [Jesús], dando a entender *con qué muerte había de glorificar* [Pedro] *a Dios…*» (v. 19). El Señor había decretado que Pedro en su muerte hiciera que Dios se viera grande. No dudo que cuando Pedro y Pablo se estrecharon la mano derecha como muestra de amistad, su apretón de manos y las miradas que cruzaron comunicaban esta misma y única pasión en común: magnificar a Cristo crucificado, el refulgente centro de la gloria de Dios, aun en la muerte.

Pero ¿cómo magnificamos a Cristo en la muerte? O dicho de otra manera, ¿cómo podemos morir para que en nuestra muerte sean visibles el valor de Cristo, la magnitud de su valía? La respuesta de Pablo aquí en Filipenses 1 está en conexión con los versículos 20 y 21. Estos versículos se conectan mediante la palabra «porque». Si vemos las palabras que hacen referencia a la muerte, leeremos: «Mi expectativa es que Cristo sea magnificado en mi cuerpo por medio de la muerte porque para mí el morir es ganancia». Es decir, si experimentamos la muerte como ganancia, estaremos magnificando a Cristo en la muerte.

¿Cómo puede ser ganancia la muerte?

¿Por qué ocurre esto? El versículo 23 nos muestra por qué para Pablo morir es ganancia: «…teniendo deseo de partir [es decir, morir] y estar con Cristo, lo cual es muchísimo mejor». Eso es lo que hace la muerte: nos lleva a una mayor intimidad con Cristo. Partimos y estamos con Cristo, y eso, dice Pablo, es ganancia. Y cuando sentimos la muerte de esta manera, señala Pablo, exaltamos a Cristo. Sentir a Cristo como ganancia es magnificar a Cristo en la muerte. Eso es «muchísimo mejor» que vivir aquí.

¿De veras? ¿Mejor que los amigos en la escuela? ¿Mejor que enamorarse? ¿Mejor que abrazar a nuestros hijos? ¿Mejor que el éxito profesional? ¿Mejor que retirarse y disfrutar de los nietos? Sí. Mil veces mejor. Cuando prediqué mi sermón de candidatura para el puesto de pastor que hoy ocupo, este pasaje de las Escrituras fue el texto elegido. Eso sucedió el 27 de enero de 1980. Partiendo de la Palabra, quería mostrarles a las personas la única y completa pasión de mi vida: magnificar a Cristo en todas las cosas, tanto en la vida como en la muerte.

En este punto del mensaje, surgió la pregunta: ¿Es mejor la muerte que la vida? ¿Es partir para estar con Cristo mejor que estar aquí? Les dije:

> Si no creyera esto, ¿cómo podría atreverme a aspirar al puesto de pastor en lugar alguno, y más aún en la Iglesia Bautista Bethlehem, donde hay 108 miembros de más de ochenta años, y 171 de más de sesenta y cinco? Sí, lo creo. Y lo digo a cada uno de los creyentes que peinan canas en esta iglesia, con toda la autoridad del apóstol de Cristo: ¡Lo mejor está por venir! Y no me refiero a una buena pensión ni a un lujoso condominio. Hablo de Cristo.[4]

Durante mi primer año y medio como ministro, tuve un promedio de un funeral cada tres semanas. Y muchos

4. Se puede ver el sermón en línea en www.desiringgod.org/messages/john-pipers-candidating-sermon-at-bethlehem-baptist (recurso en inglés).

más después. Para un pastor joven era una temporada para la dulzura y la templanza. Entretejí mi corazón con el de muchas familias al *despedir* a los amigos uno tras otro. Y en estas *despedidas*, nuestros mejores deseos de bienestar para el viaje que iniciaban eran muy sinceros.

Si aprendemos a morir bien, viviremos bien

Lo que hemos aprendido de Filipenses 1 hasta ahora es que la muerte, sea por causas naturales o a causa de la persecución, es un medio para exaltar a Cristo. Si sufrimos o morimos en el camino del Calvario de la obediencia a Cristo, el costo de seguirlo no será tanto el *resultado* de exaltarlo, sino el *medio.* La muerte hace que se vea dónde está nuestro tesoro. El modo en que morimos revela el valor de Cristo en nuestros corazones. Cristo es magnificado en mi muerte si estoy satisfecho con Él en mi muerte, cuando experimento la muerte como ganancia porque gano a Cristo con ella. Digámoslo así: la esencia de alabar a Cristo está en apreciarlo. Cristo será alabado en mi muerte si, con mi muerte, lo aprecio más que a la vida.

Jesús dijo: «El que ama a padre o madre más que a mí, no es digno de mí; el que ama a hijo o hija más que a mí, no es digno de mí» (Mateo 10:37). Cuando llegue la hora de que todo nos sea quitado, con excepción de Cristo, lo magnificaremos diciendo: «En Él lo tengo todo y más. El morir es ganancia».

Si aprendemos a morir de este modo, estaremos preparados para vivir. Si no lo hacemos, desperdiciaremos nuestras vidas. La mayoría de nosotros todavía vivirá unos años más antes de estar con Cristo. Y hasta los más viejos entre nosotros deberán preguntarse: «Si amamos a Cristo, ¿cómo podré magnificarlo con mi conducta esta tarde, esta noche, esta semana?». Así, llegamos a la otra mitad de Filipenses 1:21: «…para mí el vivir es Cristo…».

El vivir es Cristo

¿Qué quiere decir Pablo con «el vivir es Cristo»? Comienza su explicación en el versículo 22: «…el vivir en la carne resulta para mí en beneficio de la obra…». Pero esta es una explicación extraña: «El vivir es Cristo» se convierte en «vivir en beneficio de la obra». ¿Cuál es el fruto de la obra de Pablo? ¿Y cómo entendemos «el vivir es Cristo»? Las respuestas están en los versículos 24-26.

En el versículo 22, Pablo dijo: «Mas si el vivir en la carne resulta para mí en beneficio de la obra, no sé entonces qué escoger». Ahora en el versículo 24 dice: «pero por el bien de ustedes es preferible que yo permanezca en este mundo» (NVI). Así que es evidente que el fruto que produce la vida de Pablo no es solo para sí mismo, sino muy necesario por el bien de los creyentes de Filipos. Por eso, la frase: «Para mí el vivir es Cristo», ahora es: «Para mí vivir es producir fruto que ustedes necesitan mucho». Luego el versículo 25 nos dice que la vida de Pablo producirá el fruto que la iglesia necesita: «…sé que permaneceré y continuaré con todos ustedes para contribuir a su jubiloso avance en la fe» (NVI). Así vemos que Pablo aclara poco a poco lo que quiere decir con «para mí el vivir es Cristo».

Primero, quiere decir: mi vida está dedicada a producir fruto (v. 22). En segundo lugar, significa: mi vida está dedicada a producir frutos que ustedes necesitan mucho (v. 24). Y en tercer lugar, expresa: mi vida está dedicada a aumentar la fe de ustedes y a ayudarlos a rebosar con gozo (v. 25).

La pregunta crucial en este caso es: ¿Por qué en la mente de Pablo es lo mismo decir «para mí el vivir es Cristo» y «mi vida está dedicada a aumentar la fe de ustedes y a ayudarlos a rebosar con gozo»? Creo que ambas afirmaciones son prácticamente sinónimas para Pablo en este contexto.

Vivo para su provecho y gozo de la fe

Para ver esto, necesitamos una definición de fe. Por lo general, fe significa confianza puesta en alguien que ha dado evidencias de su confiabilidad, disposición y capacidad para proveer lo que necesitamos. Pero cuando es Jesús el objeto de la fe, hay un giro. Él mismo es lo que necesitamos. Si solo confiamos en Cristo para que nos dé regalos y no en Él mismo como el regalo más satisfactorio, no confiamos en Él a fin de honrarlo como nuestro tesoro. Solo honraremos sus regalos. *Eso* es lo que realmente queremos, y no a Él. Así que la fe bíblica en Jesús debe significar que confiamos en Él para que nos dé lo que más necesitamos: Él mismo. Esto significa que la fe debe incluir en su esencia que atesoramos a Cristo por encima de todo.

Ahora estamos en posición de ver por qué los dos objetivos de Pablo para su vida eran en verdad uno mismo. Según el versículo 20, su objetivo es el de *magnificar a Cristo en vida*; y según el versículo 25, su objetivo es el de *contribuir al jubiloso avance en la fe de los filipenses.* Por eso Pablo cree que Dios le permite vivir. Esta sería su vida: trabajar para «aumentar la fe y el gozo» de otros.

Pero ahora que hemos visto que la fe es esencialmente atesorar a Cristo, la palabra «jubiloso» en el versículo 25 («a su jubiloso avance en la fe») señala que se atesora a

Cristo con gozo para magnificarlo. Esta es la única y primordial pasión de la vida de Pablo. En otras palabras, él dice: «Mi vida está dedicada a producir en ustedes esa única y gran experiencia: el corazón en el que Cristo es magnificado cuando somos satisfechos en Él, cuando lo atesoramos con gozo por encima de todo lo demás. Esto es lo que quiero decir cuando digo "Para mí el vivir es Cristo". Para mí el vivir es la fe de ustedes que magnifica a Cristo».

La vida cristiana es morir muchas veces

Sería un grave error en este punto si separáramos el modo en que la muerte honra a Cristo del modo en que lo hace la vida. La razón por la que sería un error es que la vida cristiana incluye muchas muertes. Pablo dice: «...cada día muero» (1 Corintios 15:31). Jesús dijo: «...Si alguno quiere venir en pos de mí, niéguese a sí mismo, tome su cruz *cada día,* y sígame» (Lucas 9:23). La vida cristiana cada día es muerte cristiana cada día. Me refiero a morir a la comodidad, la seguridad, la reputación, la salud, la familia, los amigos, las riquezas y la patria. Todo esto puede sernos quitado en cualquier momento del camino de la obediencia a Cristo. Morir cada día como lo hizo Pablo, y tomar nuestra cruz *cada día* como lo ordenó Jesús, es abrazar con pasión esta vida de pérdidas en nombre de Jesús y contarlo como ganancia.

En otras palabras, el modo en que honramos a Cristo en la muerte es atesorando a Jesús por encima del regalo de la vida. Y el modo en que honramos a Cristo en la vida es atesorando a Jesús por encima de los regalos de la vida. Por esto Pablo utilizó la misma palabra «ganancia» con relación a Cristo en la muerte y en la vida. No solo dijo: «El morir es *ganancia*», sino también: «Pero cuantas cosas eran para mí *ganancia* [¡en la vida!], las he estimado como pérdida por amor de Cristo. Y ciertamente, aun estimo todas las cosas como pérdida por la excelencia del conocimiento de Cristo Jesús, mi Señor, por amor del cual lo he perdido todo, y lo tengo por basura, para *ganar* a Cristo» (Filipenses 3:7-8).

El placer y el dolor como modos de exaltar a Cristo

En la vida del cristiano, todo debe magnificar a Cristo. Esto puede suceder a través del placer o del dolor. Aquí nos concentraremos en el dolor. Y el motivo no es que mil cosas placenteras no se nos crucen en la vida cristiana. Ni que no debamos disfrutar de ellas como regalos de Dios y glorificarlo con gratitud. Deberíamos hacerlo. Y por eso la Biblia nos enseña: «Porque todo lo que Dios creó es bueno, y nada es de desecharse, si se toma con acción de gracias; porque por la palabra de Dios y por la oración es santificado» (1 Timoteo 4:4-5). Y es verdad que: «El que sacrifica alabanza me honrará… le mostraré la salvación de Dios» (Salmos 50:23).

La razón por la que no me concentraré en el placer es porque solemos ver automáticamente el lado placentero de la verdad. Somos criaturas caídas que amamos la comodidad. Siempre creamos maneras de justificar nuestro modo de vida en busca de nuestra propia protección, seguridad y complacencia. Sé que soy así. Y me alegro de que todo no sea malo. Dios «a los ricos de este siglo manda que no sean altivos, ni pongan la esperanza en las riquezas, las cuales son inciertas, sino en el Dios vivo, que nos da todas las cosas en abundancia para que las disfrutemos» (1 Timoteo 6:17).

El modo en que enfrentemos la pérdida muestra quién es nuestro tesoro

Sin embargo, lo que sé con más seguridad es que el mayor gozo de Dios es darnos todo, y el nuestro es regalar nuevamente lo que recibimos y no guardarlo para nosotros. Es bueno trabajar y tener. Pero es mejor trabajar, tener y dar. La gloria de Dios brilla con mayor intensidad cuando Él nos satisface en tiempos de pérdida, que cuando provee en tiempos de abundancia. El «evangelio» de la salud, la riqueza y la prosperidad se traga la belleza de Cristo con la belleza de sus regalos y convierte estos regalos en ídolos. El mundo no se impresiona cuando los cristianos se enriquecen y dan gracias a Dios. Se impresiona cuando Dios nos satisface tanto que regalamos nuestras riquezas en nombre de Cristo y contamos esto como ganancia.

Que yo sepa, nadie ha dicho jamás que sus lecciones de vida más importantes, o sus momentos más dulces de encuentro con Dios, sucedieron en días de abundancia, de sol. Las personas se encuentran más profundamente con Dios en tiempos de sequía. Es lo que Él ha determinado. Cristo apunta a ser magnificado en nuestra vida con más claridad mediante la manera en que lo experimentamos a Él en nuestras pérdidas. Pablo es nuestro ejemplo: «Hermanos, no queremos que desconozcan las aflicciones que sufrimos en la provincia de Asia. Estábamos tan agobiados bajo tanta presión, que hasta perdimos la esperanza de salir con vida: nos sentíamos como sentenciados a muerte. Pero eso sucedió para que no confiáramos en nosotros mismos sino en Dios, que resucita a los muertos» (2 Corintios 1:8-9, NVI). El designio del sufrimiento de Pablo era el de dejar muy en claro, para su propia alma y la nuestra, que Dios y solo

Él es el único tesoro perdurable. Cuando nos quitan todo en nuestra vida, con excepción de Dios, y confiamos en Él aun más a causa de la pérdida, es ganancia y lo glorificamos.

Desperdiciar la vida al escapar del dolor

El designio para la vida cristiana es tan crucial que debiéramos abrir los ojos para ver cuán extensamente nos habla la Biblia acerca de ello. Un sinnúmero de personas que se confiesan cristianos desperdician sus vidas intentando escapar del costo del amor. No ven que este siempre vale la pena. Hay más gloria de Dios en el sufrimiento que en el escape para salvarnos de este. Pablo lo dice así: «Por tanto, no desmayamos; antes aunque este nuestro hombre exterior se va desgastando, el interior no obstante se renueva de día en día. Porque esta leve tribulación momentánea produce en nosotros un cada vez más excelente y eterno peso de gloria» (2 Corintios 4:16-17). «Momentánea» se refiere a la duración de nuestra vida en comparación con la eternidad. «Leve» se refiere al sufrimiento y la muerte en comparación con el peso del gozo eterno en la presencia de Dios. Esto es lo que ganamos si nos aferramos a Cristo. Esto es lo que desperdiciaremos si no lo hacemos.

Dios determina que las tribulaciones intensifiquen nuestra esperanza por su gloria. En Romanos 5:2 Pablo dice que entramos por la fe a la gracia y «nos gloriamos en la esperanza de la gloria de Dios». Luego en los siguientes dos versículos nos dice cómo preservar e intensificar la esperanza: «Y no solo esto, sino que también nos gloriamos en las tribulaciones, sabiendo que la tribulación produce paciencia; y la paciencia, prueba; y la prueba, *esperanza*» (Romanos 5:3-4). Esta esperanza que crece, se profundiza y se satisface a través del sufrimiento es la esperanza del versículo 2, la «esperanza de la gloria de Dios». Fuimos creados para ver y saborear esta gloria. Y Dios, en amor, utilizará todas las tribulaciones que se requieran para intensificar nuestras posibilidades de saborear su gloria.

Hay una diferencia entre el sacrificio y el suicidio

No está mal orar por sanidad, tomar medicinas, cerrar las puertas ni escapar de la multitud violenta. La Biblia no nos llama al suicidio. Es presuntuoso ir al altar del templo citando las promesas de las Escrituras de que Dios nos responderá. Él finalmente decidirá cuándo y dónde nos llevará al sufrimiento por el camino de la obediencia. Satanás tiene su lugar también. Le encanta que nos sintamos mal e intenta destruir nuestra fe. Pero Dios es soberano por encima de Satanás, y los objetivos de Satanás para destruir a los justos tienen el designio de Dios para el bien de su pueblo y la gloria de su nombre.

Así que está bien escapar, y está bien quedarse. Uno puede escapar, y también puede quedarse y soportar la tribulación. Cuándo escapar y adónde es una pregunta crucial para muchos misioneros y obreros urbanos, para muchos cristianos en lugares de trabajo secular con gran oportunidad y conflicto. Una de las personas que más me enseñó acerca de esto fue John Bunyan, el pastor que pasó doce años en prisión y escribió *El progreso del peregrino*. Podría haber salido de la prisión si prometía no volver a predicar. Su esposa y sus hijos lo necesitaban. Una de sus hijas era ciega. Fue una decisión angustiosa. «La separación de mis hijos y mi esposa ha sido a menudo como desollarme vivo».[5]

Aquí está lo que escribió acerca de la libertad del cristiano para quedarse o escapar del peligro:

> ¿Podemos intentar escapar? Podemos hacer lo que esté en nuestro corazón. Si en nuestro corazón está el escape, escapemos. Si en nuestro corazón está el quedarnos, quedémonos. Lo que sea, siempre que no neguemos la verdad. Quien escapa tiene derecho a hacerlo. Quien se queda tiene derecho a hacerlo. Y el mismo hombre puede escapar y quedarse, según sean en su corazón el llamado y la obra de Dios. Moisés escapó (Éxodo 2:15); Moisés se quedó (Hebreos 11:27); David escapó (1 Samuel 19:12); David se quedó (1 Samuel 24:8); Jeremías escapó (Jeremías 37:11-12); Jeremías se quedó (Jeremías 38:17); Cristo se apartó (Lucas 9:10); Cristo se quedó (Juan 18:1-8); Pablo escapó (2 Corintios 11:33); Pablo se quedó (Hechos 20:22-23).
>
> Hay pocas reglas para este caso. Será el hombre mismo quien mejor juzgue su fuerza en cada momento y el peso de uno u otro argumento en su corazón… No escapar por temor, sino porque el escape es ordenado por Dios, una puerta para algunos, la puerta que Dios nos abre con su providencia, y un escape sustentado por la Palabra de Dios. Mateo 10:23… Entonces, si has escapado y eres atrapado, no te ofendas con Dios o con el hom-

5. John Bunyan, *Grace Abounding to the Chief of Sinners* [*Gracia abundante*] (Hertfordshire, Inglaterra: Evangelical Press, 1978), p. 123. Publicado en español por Editorial Clie.

bre: no con Dios porque eres su sirviente, tu vida y tú son todos de Él; no con el hombre porque él es la vara de Dios y está ordenado en esto para tu bien. ¿Has escapado? Ríe. Quiero decir, conténtate con el modo en que se desenvuelven los hechos, porque la balanza sigue en manos de Dios.[6]

La promesa y el designio de Dios

Dicho esto, la *promesa* y el *designio* de Dios para las personas es claramente que no desperdicien sus vidas. «Y también todos los que quieren vivir piadosamente en Cristo Jesús padecerán persecución» (2 Timoteo 3:12). Y cuando la persecución cesa, los lamentos de esta era permanecen: «Y no solo ella, sino que también nosotros mismos, que tenemos las primicias del Espíritu, nosotros también gemimos dentro de nosotros mismos, esperando la adopción, la redención de nuestro cuerpo» (Romanos 8:23). De una manera u otra, nos lamentaremos. Como dijo Pablo: «como entristecidos, mas siempre gozosos…» (2 Corintios 6:10).

Esa es la promesa. Aquí está el designio. Jesús le dijo a Pablo sobre el dolor (y a quienes lo atesoramos *a Él* más que a una vida libre de dolor): «…Bástate mi gracia; porque mi poder se perfecciona en la debilidad…» (2 Corintios 12:9). Muchos cristianos quizá se enojen con este designio. Quizá hasta griten: «¡No me importa que tu poder se haga perfecto! ¡Estoy sufriendo! Si me amas, líbrame de esta situación». Esa no fue la respuesta de Pablo. Pablo había aprendido lo que es el amor. El amor

6. John Bunyan, *Seasonable Counsels, or Advice to Sufferers*, en *The Works of John Bunyan*, ed. George Offor, 3 vols. (Edimburgo: Banner of Truth, 1991, orig., 1854), 2:726.

no es que Cristo nos hará la vida fácil o nos exaltará. El amor hace lo que debe hacer, a menudo con algo de costo para sí y para nosotros también, para que podamos disfrutar de la gloria de Cristo para siempre. Así que Pablo responde al designio de Cristo: «...Por tanto, de buena gana me gloriaré más bien en mis debilidades, para que repose sobre mí el poder de Cristo. Por lo cual, por amor a Cristo me gozo en las debilidades, en afrentas, en necesidades, en persecuciones, en angustias; porque cuando soy débil, entonces soy fuerte» (2 Corintios 12:9-10).

El gozo eterno está en el camino del Calvario

Qué trágico desperdicio es cuando las personas se apartan de la ruta del Calvario, del amor y del sufrimiento. Todas las riquezas de la gloria de Dios en Cristo están en ese camino. Toda la dulce relación con Jesús está allí. Y todos los tesoros de la seguridad. Todo el éxtasis del gozo. Toda visión de la eternidad. Toda la noble solidaridad. Los afectos más humildes. Los actos de perdón y amabilidad. El descubrimiento de la Palabra de Dios. Las oraciones más sinceras. Todo esto está en el camino del Calvario, donde Jesús camina con los suyos. Toma tu cruz y sigue a Jesús. En este camino, y solamente en este camino, la vida es Cristo, y la muerte es ganancia. La vida en cualquier otro camino es una vida desperdiciada.

5

El riesgo está bien: Es mejor perder la vida que desperdiciarla

Si nuestra única pasión es enaltecer a Cristo en la vida y la muerte, y si la vida que más lo magnifica es la del amor sacrificado, la vida es riesgo, y el riesgo está bien. Escapar de este riesgo es desperdiciar nuestra vida.

¿Qué es el riesgo?

Defino el riesgo de manera muy simple: es una acción que nos expone a la posibilidad de pérdida o lesión. Si corremos un riesgo, podemos perder dinero, posición, salud o incluso la vida. Y lo que es peor, si corremos un riesgo, podemos poner en peligro a otras personas, no solamente a nosotros mismos. Sus vidas pueden estar en riesgo. ¿Podrá una persona sabia, entonces, correr riesgos? ¿Es sabio exponernos a la pérdida? ¿Es una muestra de amor poner a otros en riesgo? ¿Es lo mismo perder la vida que desperdiciarla?

Depende. Por supuesto, podemos malgastar nuestra vida de mil maneras pecaminosas y morir como resultado de ello. En ese caso, perder la vida sería lo mismo que malgastarla. Pero no siempre perder la vida equivale a desperdiciarla. ¿Qué pasa si las circunstancias son tales que el hecho de *no* correr un riesgo diera como resultado una pérdida o lesión? Quizá no sea sabio ir siempre a lo seguro. Y ¿qué del riesgo exitoso que trajera grandes beneficios a muchas personas, y cuyo fracaso solo nos afectara a nosotros? Puede ser entonces que elegir la comodidad y la seguridad no sea un acto de amor si hay algo grandioso que podría lograrse para la causa de Cristo y por el bien de los demás.

El riesgo está entretejido en nuestras vidas finitas

¿Por qué existe una cosa como el riesgo? Porque existe la ignorancia. Si no hubiera ignorancia, no habría riesgo. El riesgo es posible porque no sabemos cómo acabarán las cosas. Esto significa que Dios no corre riesgos.[1] Él conoce el resultado de todo antes que suceda. Esto es lo que significa ser Dios por encima de todos los dioses de las naciones (véase Isaías 41:23; 42:8-9; 44:6-8; 45:21; 46:8-11; 48:3). Y como Él conoce el resultado de todas sus acciones antes que sucedan, planifica de acuerdo a ello. Su omnisciencia elimina toda posibilidad de correr riesgos.[2]

---

1. Este punto de vista se opone claramente al punto de vista llamado teísmo abierto, que sostiene que Dios corre riesgos reales porque no conoce el resultado de los hechos que Él mismo pone en marcha. Este punto de vista se ve representado, por ejemplo, por John Sanders, *The God Who Risks: A Theology of Providence* (Downers Glover, IL: InterVarsity Press, 1998) y Gregory A. Boyd, *Satanás y el problema de la maldad: construyendo una teodicea trinitaria y de guerra espiritual* (Miami, FL: Editorial Vida, 2006), criticado con efectividad, en mi opinión, por R. K. McGregor Wright, *No Place for Sovereignty: What's Wrong with Freewill Theism?* (Downers Glover, IL: InterVarsity Press, 1996); Bruce A. Ware, *God's Lesser Glory: The Diminished God of Open Theism* (Wheaton, IL: Crossway Books, 2000); John M. Frame, *No Other God: A Response to Open Theism* (Phillipsburg, NJ: Presbyterian & Reformed, 2001); y John Piper, Justin Taylor, Paul Kjoss Helseth, eds., *Beyond the Bounds: Open Theism and the Undermining of Biblical Christianity* (Wheaton, IL: Crossway Books, 2003).

2. Véase más acerca de por qué Dios no es alguien que corre riesgos en John Piper, *The Pleasures of God: Meditations on God's Delight in Being God*, 2.ª ed. [*Los deleites de Dios: meditaciones acerca del placer que siente Dios en ser Dios*] (Sisters, OR: Multnomah, 2000), pp. 54-62. Publicado en español por Editorial Vida.

Sin embargo, esto no es así en nuestro caso. No somos Dios; somos ignorantes. No sabemos lo que sucederá mañana. Dios no nos dice en detalle lo que hará mañana o dentro de cinco años. Es evidente que quiere que vivamos y actuemos con ignorancia e incertidumbre acerca del resultado de nuestras acciones. Nos dice, por ejemplo, en Santiago 4:13-15:

> *Ahora escuchen esto, ustedes que dicen: «Hoy o mañana iremos a tal o cual ciudad, pasaremos allí un año, haremos negocios y ganaremos dinero.» ¡Y eso que ni siquiera saben qué sucederá mañana! ¿Qué es su vida? Ustedes son como la niebla, que aparece por un momento y luego se desvanece. Más bien, debieran decir: «Si el Señor quiere, viviremos y haremos esto o aquello»* (NVI).

Tú no sabes si tu corazón se detendrá antes que llegues al final de esta página. No sabes si un conductor imprudente chocará contra tu automóvil la semana que viene, si la comida tendrá algún virus mortal, si antes del fin de semana sufrirás un ataque cerebral o si vendrá un hombre con un rifle y te disparará mientras haces las compras. No somos Dios. No sabemos qué sucederá mañana.

Hagamos explotar el mito de la seguridad

El riesgo está entretejido en nuestras vidas. No podemos evitar el riesgo, aun cuando deseemos hacerlo. La ignorancia y la incertidumbre acerca del mañana son nuestro rasgo distintivo. Todos nuestros planes para mañana pueden ser destruidos por miles de imprevistos, aunque nos escondamos bajo la frazada en casa o salgamos a andar por la autopista. Uno de mis objetivos es hacer explotar el mito de la seguridad para liberarte del encantamiento. Es como un espejismo. No existe. Dondequiera que miremos, habrá imprevistos y cosas fuera de nuestro control.

La trágica hipocresía es que el encantamiento de la seguridad nos hace correr riesgos todos los días por nosotros mismos, pero nos paraliza ante el riesgo que podemos correr por los demás en el camino de amor del Calvario. Nos engañamos pensando que esto puede poner en peligro una seguridad que en realidad no existe. La forma en que espero hacer pedazos el mito de la seguridad para desencantarte del espejismo es simplemente yendo a la Biblia y mostrándote que está bien correr riesgos por causa de Cristo, y que no hacerlo implica desperdiciar nuestra vida.

«Haga Jehová lo que bien le pareciere»

Piensa en el contexto de 2 Samuel 10. Los amonitas habían avergonzado a los mensajeros de Israel y se hicieron odiosos ante David. Para protegerse habían contratado hombres sirios que pelearan junto a ellos contra Israel. Joab, el comandante de las fuerzas israelitas, se encontró rodeado por amonitas de un lado y por sirios del otro. Entonces dividió sus tropas, puso a su hermano Abisai a cargo de una tropa y él lideró la otra.

En el versículo 11, prometieron ayudarse mutuamente. Luego llegan estas grandiosas palabras en el versículo 12: «Esfuérzate, y esforcémonos por nuestro pueblo, y por las ciudades de nuestro Dios, y haga Jehová lo que bien le pareciere». ¿Qué significan estas últimas palabras: «Haga Jehová lo que bien le pareciere»? Significan que Joab tomó una decisión estratégica para las ciudades de Dios, pero no sabía cuál sería el resultado. No había recibido revelación de Dios al respecto. Tenía que tomar una decisión basándose en la sabiduría dada por el Señor. Tenía que arriesgarse o escapar. No sabía qué sucedería. Así que tomó su decisión y entregó el resultado en manos de Dios. Y eso fue lo correcto.

«¡Y si perezco, que perezca!»

La reina Ester es otro ejemplo de riesgo valiente al servicio del amor y para la gloria de Dios. Había un hombre judío llamado Mardoqueo que vivió en el siglo v antes de Cristo, durante el exilio del pueblo judío. Tenía una prima huérfana más joven que él llamada Ester, a quien había adoptado como hija. Ester creció hasta llegar a ser una mujer muy hermosa. Y más tarde el rey de Persia, Asuero, la llevó con él para que fuera su reina. Amán, uno de los príncipes de Asuero, odiaba a Mardoqueo y a todos los refugiados judíos, por lo que convenció al rey para que decretara el exterminio de todos ellos. El rey no se dio cuenta de que su propia reina era judía.

Mardoqueo le envió un mensaje a Ester para que se presentara ante el rey y rogara por su pueblo. Pero Ester sabía que existía una ley real que decía que quien se acercara al rey sin haber sido convocado sería ejecutado, a menos que este alzara su cetro de oro. Y también sabía que estaba en juego la supervivencia del pueblo judío. Ester le envió su respuesta a Mardoqueo diciendo:

> *«Ve y reúne a todos los judíos que están en Susa, para que ayunen por mí. Durante tres días no coman ni beban, ni de día ni de noche. Yo, por mi parte, ayunaré con mis doncellas al igual que ustedes. Cuando cumpla con esto, me presentaré ante el rey, por más que*

> *vaya en contra de la ley. ¡Y si perezco, que perezca!»* (Ester 4:16, NVI).

«¡Y si perezco, que perezca!». ¿Qué significan estas palabras? Significan que Ester no sabía cuál sería el resultado de su acción. No había recibido revelación especial de Dios. Tomó su decisión basándose en la sabiduría y el amor por su pueblo, y en su confianza en Dios. Tenía que arriesgarse o escapar. No sabía qué sucedería. Así que tomó su decisión y entregó el resultado en manos de Dios. «¡Y si perezco, que perezca!». Y fue lo correcto.

«No serviremos a tus dioses»

Piensa en otro ejemplo del Antiguo Testamento. El lugar es Babilonia. Los judíos están exiliados. El rey es Nabucodonosor. Erigió una imagen de oro y luego ordenó que cuando sonara la trompeta todos se inclinaran ante la imagen. Pero Sadrac, Mesac y Abed-nego no se inclinaron. Adoraban al único Dios verdadero, el Dios de Israel.

Por eso Nabucodonosor los amenazó y dijo que si no adoraban a la imagen serían echados en el horno de fuego. Ellos respondieron al rey diciendo:

> *...No es necesario que te respondamos sobre este asunto. He aquí nuestro Dios a quien servimos puede librarnos del horno de fuego ardiendo; y de tu mano, oh rey, nos librará. Y si no, sepas, oh rey, que no serviremos a tus dioses, ni tampoco adoraremos la estatua que has levantado* (Daniel 3:16-18).

Era un verdadero riesgo: «Creemos que nuestro Dios nos rescatará. Pero aun si no lo hiciera, no serviremos a tus dioses». No sabían lo que sucedería. Dijeron lo mismo que dijo Ester: «Si perecemos, que perezcamos». Y entregaron el resultado en manos de Dios, como lo hicieron Joab y Abisai: «Haga Jehová lo que bien le pareciere». Y fue lo correcto. Es correcto arriesgarse por la causa de Dios.

«Estoy dispuesto a morir por el nombre del Señor Jesús»

El gran arriesgado del Nuevo Testamento es el apóstol Pablo. Imagínatelo camino a Jerusalén, luego de sufrir por Cristo en cada uno de los lugares en que había estado. Se había comprometido ante el Espíritu Santo (Hechos 19:21) a ir a Jerusalén. Había reunido dinero para los pobres y quería asegurarse de que les fuera fielmente entregado. Llegó hasta Cesarea, y allí un profeta llamado Agabo que venía de Judea se ató simbólicamente las manos y los pies con el cinturón de Pablo y dijo: «...Esto dice el Espíritu Santo: Así atarán los judíos en Jerusalén al varón de quien es este cinto, y le entregarán en manos de los gentiles» (Hechos 21:11).

Cuando los creyentes oyeron esto, le rogaron a Pablo que no fuera a Jerusalén. Entonces Pablo respondió: «¿Por qué lloran? ¡Me parten el alma! —respondió Pablo—. Por el nombre del Señor Jesús estoy dispuesto no solo a ser atado sino también a morir en Jerusalén» (v. 13, NVI). Luego Lucas nos dice que sus amigos dijeron: «Y como no le pudimos persuadir, desistimos, diciendo: Hágase la voluntad del Señor» (Hechos 21:14).

En otras palabras, Pablo creía que su viaje a Jerusalén era necesario para la causa de Cristo. No conocía los detalles de lo que allí sucedería ni cuál sería el resultado. Era seguro que sufriría arresto y aflicción. ¿Y luego qué? ¿Muerte? ¿Prisión? ¿Expulsión? Nadie podía saberlo.

¿Qué dijo entonces? Podían estar de acuerdo en algo: «Se hará la voluntad del Señor». O como dijo Joab: «Haga Jehová lo que bien le pareciere». Y eso era correcto.

«Por todas las ciudades... me esperan prisiones y tribulaciones»

En realidad, la vida entera de Pablo es una cadena de riesgos, uno tras otro. En Hechos 20:23 dice: «...el Espíritu Santo por todas las ciudades me da testimonio, diciendo que me esperan prisiones y tribulaciones». No obstante, jamás sabía qué forma tomarían las aflicciones, o cuándo llegarían ni por mano de quién. Pablo había decidido arriesgar su vida en Jerusalén sabiendo plenamente lo que podría suceder. Lo que ya había soportado no le dejaba dudas acerca de lo que podría pasar en Jerusalén:

> *De los judíos cinco veces he recibido cuarenta azotes menos uno. Tres veces he sido azotado con varas; una vez apedreado; tres veces he padecido naufragio; una noche y un día he estado como náufrago en alta mar; en caminos muchas veces; en peligros de ríos, peligros de ladrones, peligros de los de mi nación, peligros de los gentiles, peligros en la ciudad, peligros en el desierto, peligros en el mar, peligros entre falsos hermanos; en trabajo y fatiga, en muchos desvelos, en hambre y sed, en muchos ayunos, en frío y en desnudez; y además de otras cosas, lo que sobre mí se agolpa cada día, la preocupación por todas las iglesias* (2 Corintios 11:24-28).

¿Qué significa esto? Que Pablo nunca sabía de dónde vendría el siguiente azote. Cada día arriesgaba su vida por la causa de Dios. Los caminos no eran seguros. Los ríos no eran confiables. Su propio pueblo, los judíos, no le daban seguridad. Los gentiles tampoco. No había seguridad en las ciudades, ni en el desierto ni en el mar. Ni entre sus hermanos cristianos. La seguridad era un espejismo. No existía para el apóstol.

Tenía dos opciones: desperdiciar su vida o arriesgarla. Y respondió con claridad a esta alternativa: «Pero de ninguna cosa hago caso, ni estimo preciosa mi vida para mí mismo, con tal que acabe mi carrera con gozo, y el ministerio que recibí del Señor Jesús, para dar testimonio del evangelio de la gracia de Dios» (Hechos 20:24). Nunca sabía lo que sucedería al día siguiente. Pero el camino del Calvario lo llamaba. Y arriesgó su vida cada día. Y fue lo correcto.

«Si a mí me han perseguido, también a ustedes los perseguirán»

Para que no creyéramos que esta vida arriesgada era solo para Pablo, él se ocupó de decirles a los jóvenes cristianos que encontrarían tribulaciones diversas. Luego de establecer nuevas iglesias en su primer viaje misionero, regresó unos meses después para «[confirmar] los ánimos de los discípulos, exhortándoles a que permaneciesen en la fe, y diciéndoles: Es necesario que *a través de muchas tribulaciones entremos en el reino de Dios*» (Hechos 14:22). Cuando escribió a la joven iglesia de Tesalónica, expresó su preocupación porque hubieran sido sacudidos por sus aflicciones y les dijo: «...que nadie [sea] perturbado por estos sufrimientos. Ustedes mismos saben que se nos destinó para esto» (1 Tesalonicenses 3:3, NVI). En otras palabras, la vida cristiana es un llamado a arriesgarse.

Jesús lo había dicho de forma clara. Dijo, por ejemplo, en Lucas 21:16 (NVI): «Ustedes serán traicionados aun por sus padres, hermanos, parientes y amigos, y a algunos de ustedes se les dará muerte». La palabra clave aquí es *algunos.* «...a algunos de ustedes se les dará muerte». Esta palabra da gran incertidumbre a la vida terrenal de los discípulos. No todos morirán por la causa de Cristo. Pero no todos vivirán tampoco. Algunos vivirán. Y algunos morirán. A esto es a lo que llamo arriesgarse. Es voluntad de Dios que no sepamos cómo resultará nuestra vida en esta tierra. Y por eso es voluntad del Señor que corramos riesgos por su causa.

La vida fue dura para Jesús, y Él dijo que sería dura para sus seguidores. «Recuerden lo que les dije: "Ningún siervo es más que su amo." Si a mí me han perseguido, también a ustedes los perseguirán. Si han obedecido mis enseñanzas, también obedecerán las de ustedes» (Juan 15:20, NVI). Por eso Pedro les advirtió a las iglesias de Asia que el maltrato sería algo normal:

> *Queridos hermanos, no se extrañen del fuego de la prueba que están soportando, como si fuera algo insólito. Al contrario, alégrense de tener parte en los sufrimientos de Cristo, para que también sea inmensa su alegría cuando se revele la gloria de Cristo. Dichosos ustedes si los insultan por causa del nombre de Cristo, porque el glorioso Espíritu de Dios reposa sobre ustedes* (1 Pedro 4:12-14, NVI).

Ser cristiano era arriesgar la vida

Los primeros tres siglos de la Iglesia cristiana establecieron un patrón de crecimiento bajo amenazas. Stephen Neill, en su *History of Christian Missions* [Historia de las misiones cristianas], escribió: «Sin lugar a dudas, los cristianos del Imperio Romano no tenían derecho legal a la existencia, y estaban sujetos a toda la dureza de la ley... Todo cristiano sabía que tarde o temprano quizá tuviera que atestiguar su fe arriesgando su vida en ello».[3] Quizá. He ahí el riesgo. Siempre ha estado ahí. Quizá nos maten por ser cristianos. Quizá no. Es un riesgo. Eso era normal. Y ser cristiano en esas circunstancias era lo correcto.

En realidad, lo que asombraba al mundo pagano era el amor que exaltaba a Cristo mostrado por los cristianos en medio del riesgo. El emperador romano Juliano el Apóstata (332-363 d.C.) quiso traer nueva vida a la antigua religión pagana, pero encontró que cada vez más personas se sentían atraídas hacia el cristianismo. Escribió frustrado en contra de estos «ateos» (los que no creían en los dioses romanos, sino en Cristo):

> El ateísmo [es decir, la fe cristiana] ha progresado especialmente a causa del servicio amoroso ofrecido a los extraños y del cuidado ofrecido al entierro de los muertos. Es un escándalo que no haya un solo judío mendigo, y que los impíos galileos cuiden no solamente de sus propios pobres, sino además de los nuestros; mientras tanto aquellos que nos pertenecen buscan en vano la ayuda que deberíamos darles.[4]

Seguir a Cristo tiene un alto costo. Hay riesgos por todas partes. Sin embargo, como vimos en el capítulo 3, este riesgo es el medio por el que el valor de Cristo brilla con mayor intensidad.

---

3. Stephen Nelly, *A History of Christian Missions* (Middlesex, Inglaterra: Penguin, 1964), pp. 42-43.
4. Ibíd., p. 42.

Cómo desperdiciar cuarenta años y miles de vidas

¿Qué sucede cuando el pueblo de Dios no escapa al seductor encantamiento de la seguridad? ¿Qué sucede si esperan vivir sus vidas en el espejismo dc la certeza? La respuesta es vidas desperdiciadas. ¿Recuerdas la vez que sucedió?

Habían pasado menos de tres años desde que el pueblo de Israel había salido de Egipto por el poder de Dios. Ahora estaban en la frontera de la Tierra Prometida. El Señor le dijo a Moisés: «Quiero que envíes a algunos de tus hombres a explorar la tierra que estoy por entregar a los israelitas. De cada tribu enviarás a un líder que la represente» (Números 13:2, NVI). Entonces Moisés envió a Caleb, Josué y diez hombres más. Luego de cuarenta días, volvieron con un enorme racimo de uvas colgado de un palo acarreado por dos hombres. Caleb hizo un llamado lleno de esperanza a su pueblo: «...Subamos luego, y tomemos posesión de ella; porque más podremos nosotros que ellos» (Números 13:30). Pero los otros dijeron: «...No podremos subir contra aquel pueblo, porque es más fuerte que nosotros» (v. 31).

Caleb no pudo hacer explotar el mito de la seguridad. Las personas estaban bajo el encantamiento de la seguridad: la idea de que hay un modo de vida protegido, apartado del camino de la obediencia a Dios. Murmuraron en contra de Moisés y Aarón, y decidieron que querían volver a Egipto: el gran espejismo de la seguridad.

Josué intentó despertarlos de su estupor:

> *...La tierra que recorrimos y exploramos es increíblemente buena. Si el Señor se agrada de nosotros, nos hará entrar en ella. ¡Nos va a dar una tierra donde abundan la leche y la miel! Así que no se rebelen con-*

> *tra el Señor ni tengan miedo de la gente que habita en esa tierra. ¡Ya son pan comido! No tienen quién los proteja, porque el Señor está de parte nuestra. Así que, ¡no les tengan miedo!* (Números 14:7-9, NVI).

Pero ni siquiera Josué fue capaz de hacer explotar el mito de la seguridad. El pueblo estaba embriagado por el mundo de sueños de la confianza. E intentó apedrear a Caleb y a Josué. El resultado fue miles de vidas desperdiciadas y años perdidos. Por supuesto que fue un error no correr el riesgo de luchar contra los gigantes de la tierra de Canaán. ¡Ah! ¡Cuánto se pierde cuando no nos arriesgamos por la causa de Dios!

¿Qué hay de ti?

El riesgo es lo correcto. Y la razón no es que Dios nos promete el éxito en cada emprendimiento por su causa. No hay promesa de que todo esfuerzo por la causa de Dios llegue a buen fin, al menos no a un corto plazo. Juan el Bautista se arriesgó a llamar adúltero a Herodes cuando este se divorció de su esposa para tomar la mujer de su hermano. Y por esto Juan fue decapitado. Había hecho lo correcto al arriesgar su vida por la causa de Dios y la verdad. Jesús no lo criticó, sino que lo elogió (Mateo 11:11).

Pablo se arriesgó a ir a Jerusalén para completar su ministerio a los pobres. Fue golpeado y arrojado en la prisión durante dos años, y luego lo enviaron a Roma para ejecutarlo dos años más tarde. Y había hecho lo correcto al arriesgar su vida por la causa de Cristo. ¡Cuántas tumbas hay en África y Asia porque miles de jóvenes misioneros fueron liberados por el poder del Espíritu Santo del encantamiento de la seguridad y arriesgaron sus vidas para llevar el nombre de Cristo a los pueblos más apartados del mundo!

¿Y qué hay de ti? ¿Estás atrapado en el encantamiento de la seguridad, paralizado, sin arriesgarte por la causa de Dios? ¿O has sido liberado por el poder del Espíritu Santo del espejismo de la seguridad y la comodidad de Egipto? ¿Alguna vez dices como Joab: «...esforcémonos por nuestro pueblo... Y haga Jehová lo que bien le pareciere»? ¿O como Ester: «¡Y si perezco, que perezca!»?

Arriesgarse por los motivos equivocados

Hay más de un peligro en esto de llamar a los cristianos a arriesgarse. Mencioné algunos en el capítulo 4, en especial llegar a estar tan obsesionados con nuestra negación que seamos incapaces de disfrutar de los placeres de esta vida que Dios nos ha dado para nuestro bien. Otro de los peligros, peor aún, es que nos sintamos atraídos a una vida de riesgo por el deseo de glorificarnos a nosotros mismos. Quizá sintamos la adrenalina del heroísmo. Tal vez menospreciemos al perezoso y cobarde y nos sintamos superiores. Puede que pensemos que el riesgo es un tipo de rectitud que nos hace aceptables ante Dios. Lo que falta en estos errores es la fe, como la que tiene un niño, en el gobierno soberano de Dios sobre el mundo y en su amor triunfante.

He estado suponiendo que el poder y el motivo detrás de los riesgos que corremos por la causa de Dios no es el heroísmo, ni la lujuria, ni la aventura, ni el coraje que da la confianza en uno mismo ni la necesidad de ganar la buena voluntad de Dios, sino la fe en el Hijo de Dios, Jesucristo, que todo lo gobierna, todo lo satisface y todo lo provee. La fuerza para arriesgarnos a perder posición por la causa de

Cristo es la fe en que el amor de Dios alzará nuestra posición al final y reivindicará nuestra causa. La fuerza para arriesgarnos a perder dinero por la causa del evangelio es la fe en que tenemos un tesoro en los cielos que no fallará. La fuerza para arriesgarnos a perder la vida en este mundo es la fe en la promesa de que quien pierde la vida en este mundo la salvará para toda la eternidad.

Esto no tiene nada que ver con el heroísmo y la confianza en uno mismo. Cuando nos arriesgamos a perder posición, dinero o la vida porque creemos que Dios siempre nos ayudará y utilizará nuestra pérdida para hacernos más felices en su gloria, no somos nosotros los elogiados por nuestro coraje, sino Dios, por su amoroso cuidado. Por eso el riesgo refleja el valor de Dios, no nuestra valentía.

Este fundamento para tener coraje no debe darse por sentado. Por naturaleza, buscamos el riesgo por las razones equivocadas. Sin Cristo, todos somos legalistas o lujuriosos, queremos hacer lo propio o queremos hacer las cosas de Dios a nuestro modo para probar nuestra propia capacidad. Y puesto que somos así, necesitamos protección. Dios nos da un modo diferente de arriesgarnos. Debemos hacerlo «...conforme al poder que Dios da, para que en todo sea Dios glorificado por Jesucristo...» (1 Pedro 4:11). Y el modo en que Dios provee nuestro poder es mediante la fe en sus promesas. Él promete restaurar mil veces con su compañía eterna toda pérdida a la que nos arriesguemos para exaltar a Cristo.

El poder del riesgo está en la promesa de Dios

En este capítulo, mencioné antes el texto de Lucas 21:16, donde Jesús les dice a sus discípulos: «...a algunos de ustedes se les dará muerte» (NVI). Pero no mencioné la promesa que sigue: «Todo el mundo los odiará por causa de mi nombre. *Pero no se perderá ni un solo cabello de su cabeza*» (vv. 17-18, NVI). Esta es una de esas dolorosas paradojas de la Biblia: «...a algunos de ustedes se les dará muerte... Pero no se perderá ni un solo cabello de su cabeza». ¿Qué quiere decir esto? ¿Qué está tratando de decirnos Jesús cuando nos indica: «Vayan y arriésguense obedeciendo, porque a algunos de ustedes los matarán, pero ni un solo cabello de su cabeza perecerá»?

Creo que el mejor comentario sobre estos versículos es Romanos 8:35-39:

> *¿Quién nos separará del amor de Cristo? ¿Tribulación, o angustia, o persecución, o hambre, o desnudez, o peligro, o espada? Como está escrito: Por causa de ti somos muertos todo el tiempo; somos contados como ovejas de matadero. Antes, en todas estas cosas somos más que vencedores por medio de aquel que nos amó. Por lo cual estoy seguro de que ni la muerte, ni la vida, ni ángeles, ni principados, ni potestades, ni lo presente, ni lo por venir, ni lo alto, ni lo profundo, ni ninguna otra cosa creada nos podrá separar del amor de Dios, que es en Cristo Jesús Señor nuestro.*

Comparemos estas palabras terribles y maravillosas con lo que dijo Jesús: «...a algunos de ustedes se les dará muerte... Pero no se perderá ni un solo cabello de su cabeza».

Como Jesús, Pablo dice que el amor de Cristo por nosotros no elimina nuestra angustia. Por el contrario, nuestra misma entrega a Cristo nos traerá sufrimientos. La respuesta de Pablo a su propia pregunta en el versículo 35: «¿Podrá la tribulación, la angustia, la persecución, el hambre, la desnudez, el peligro o la espada separarnos del amor de Cristo?», aparece en el versículo 37 y es un rotundo ¡NO! Pero no perdamos la implicancia de la pregunta, la razón por la que estas cosas no nos separarán del amor de Cristo no es que no les sucedan a las personas a quienes Cristo ama. Sí les suceden. La cita de Pablo del Salmo 44:22 muestra que, en efecto, estas cosas sí les suceden a quienes son de Cristo: «Pero por causa de ti nos matan cada día; somos contados como ovejas para el matadero». En otras palabras, el amor que Cristo tiene por nosotros no nos exime de estos sufrimientos. El riesgo es real. La vida cristiana es dolorosa. No sin gozo. Pero tampoco sin dolor.

¿Provee Dios en realidad todo lo que necesitamos?

Este es el significado de la palabra «en» que encontramos en el versículo 37: «...*En* todas estas cosas somos más que vencedores...». Somos más que vencedores en nuestras aflicciones, no al evitarlas. Así que Pablo concuerda con Jesús: «Matarán a algunos de nosotros». La obediencia es un riesgo. Y está bien arriesgarse por causa de Dios. Algunos de los riesgos mencionados en el versículo 35 son:

- «Tribulación», problemas y opresión de diversos tipos, que Pablo dice que debemos atravesar en nuestro camino al cielo (Hechos 14:22).
- «Angustia», calamidades que causan tensiones y que amenazan con quebrarnos como si fuéramos varas (2 Corintios 6:4; 12:10).
- «Persecución», oposición activa de parte de los enemigos del evangelio (Mateo 5:11-12).

- «Peligro», todo tipo de amenazas a nuestro cuerpo, alma y familia (2 Corintios 11:26).
- «Espada», el arma que mató a Santiago (Hechos 12:2).
- «Hambre y desnudez», falta de comida y vestido.

Menciono «hambre y desnudez» en último término porque son los problemas mayores. Jesús dijo:

> *No se preocupen por su vida, qué comerán o beberán; ni por su cuerpo, cómo se vestirán. ¿No tiene la vida más valor que la comida, y el cuerpo más que la ropa?... Así que no se preocupen diciendo: "¿Qué comeremos?" o "¿Qué beberemos?" o "¿Con qué nos vestiremos?" Porque los paganos andan tras todas estas cosas, y el Padre celestial sabe que ustedes las necesitan. Más bien, busquen primeramente el reino de Dios y su justicia, y todas estas cosas les serán añadidas* (Mateo 6:25, 31-33, NVI).

«Bien, ¿cómo es esto?», podríamos preguntar. ¿Estaremos los cristianos sujetos al «hambre, o desnudez» (Romanos 8:35) o nos proveerá Dios «todas estas cosas» (Mateo 6:33) que necesitaremos? ¿No sufrirán los cristianos hambre y frío jamás? ¿No han existido en el mundo santos desnudos y con hambre? ¿Y qué de Hebreos 11:37-38?: «Fueron apedreados, aserrados, puestos a prueba, muertos a filo de espada; anduvieron de acá para allá cubiertos de pieles de ovejas y de cabras, pobres, angustiados, maltratados; de los cuales el mundo no era digno; errando por los desiertos, por los montes, por las cuevas y por las cavernas de la tierra». Las pérdidas y miserias de esos cristianos no fueron debidas a su falta de fe. Ellos eran fieles, creyentes «de los cuales el mundo no era digno».

Todo lo que necesitas es hacer la voluntad de Dios y ser feliz para siempre

¿Qué quiere decir Jesús al afirmar que se nos proveerá de comida y vestido cuando busquemos primero el reino de Dios? Quiere decir lo mismo que cuando señaló: «...a algunos de ustedes se les dará muerte... Pero no se perderá ni un solo cabello de su cabeza» (Lucas 21:16-18, NVI). Afirmó que tendremos todo lo que necesitemos para hacer su voluntad y ser eterna y supremamente felices en Él.

¿Cuánto alimento y vestido necesitamos? ¿Necesitamos para qué? ¿Para estar cómodos? No, Jesús no nos prometió comodidad. ¿Para evitar la vergüenza? No, Jesús nos llamó a sufrir vergüenza por su nombre con gozo. ¿Para seguir vivos? No, Jesús no nos prometió que nos ahorraría la muerte de ningún tipo. La persecución y las plagas consumen a los santos. Hay cristianos que mueren en la horca y cristianos que mueren por enfermedades. Por eso Pablo escribe: «...nosotros mismos, que tenemos las primicias del Espíritu, nosotros también gemimos dentro de nosotros mismos, esperando la adopción, la redención de nuestro cuerpo» (Romanos 8:23).

Lo que Jesús quiso decir es que nuestro Padre celestial nunca permitirá que nuestras pruebas sean mayores de lo que podemos soportar (1 Corintios 10:13). Si hay un mendrugo de pan que necesitamos, como hijos de Dios, para mantener nuestra fe en el calabozo de la hambruna, Él nos lo dará. Dios no nos promete alimento suficiente para estar cómodos o seguir vivos, nos promete lo suficiente como para que confiemos en Él y hagamos su voluntad.[5]

Todo lo puedo en Cristo, aun morir de hambre

Cuando Pablo prometió: «Así que mi Dios les proveerá de todo lo que necesiten, conforme a las gloriosas riquezas que tiene en Cristo Jesús» (Filipenses 4:19, NVI), estaba diciendo: «Sé vivir humildemente, y sé tener abundancia; en todo y por todo estoy enseñado, así para estar saciado como para tener *hambre*, así para tener abundancia como para padecer *necesidad*. Todo lo puedo en Cristo que me fortalece» (Filipenses 4:12-13). «Todo» significa «puedo sufrir hambre por Él, que me fortalece. Puedo no tener alimento ni vestido por Él, que me fortalece». Esto es lo que Jesús promete. Jamás nos abandonará ni nos dejará (Hebreos 13:5). Si morimos de hambre, Él será nuestro pan de vida eterna. Si pasamos vergüenza a causa de nuestra desnudez, Él será nuestro vestido perfecto. Si se nos tortura, y gritamos de dolor agonizante, Él impedirá que maldigamos su nombre y restaurará nuestro cuerpo maltrecho a la belleza eterna.

El otro lado del riesgo, el amor triunfal

Lo cierto en cuanto a la comodidad y la seguridad que obtenemos al correr riesgos por causa de Cristo es que

5. Así entiendo muchas de las promesas generales en el Antiguo Testamento en cuanto a que las necesidades de los justos siempre serán satisfechas. Por ejemplo, Proverbios 10:3: «Jehová no dejará padecer hambre al justo; mas la iniquidad lanzará a los impíos» creo que esto es: (1) verdad en general, en cuanto al modo en que Dios gobierna el mundo, las personas rectas y trabajadoras prosperan y tienen lo suficiente; y (2) siempre y absolutamente verdad en el sentido de que los justos jamás sentirán hambre más allá de lo que puedan soportar por Cristo. Véase John Piper, «"No Evil Will Befall You". Really?» en *Taste and See* (Sisters, OR: Multnomah, 2005), pp. 46-48.

nada nos separará de su amor. Pablo pregunta: «¿Quién nos separará del amor de Cristo? ¿Tribulación, o angustia, o persecución, o hambre, o desnudez, o peligro, o espada?» (Romanos 8:35). Su respuesta es: ¡Nada! Dicho de otra manera, no hay miseria por la que pase un verdadero cristiano que evidencie que este ha sido abandonado por el amor de Cristo. El amor de Cristo triunfa por encima de cualquier desgracia. Romanos 8:38-39 lo expresa con claridad: «Por lo cual estoy seguro de que ni la muerte, ni la vida, ni ángeles, ni principados, ni potestades, ni lo presente, ni lo por venir, ni lo alto, ni lo profundo, ni ninguna otra cosa creada nos podrá separar del amor de Dios, que es en Cristo Jesús Señor nuestro».

Del otro lado del riesgo —aun cuando resulte en la muerte—, el amor de Dios triunfa. Esta es la fe que nos libera para arriesgarnos por la causa de Dios. No es heroísmo, ni ansias de aventura, ni confianza o coraje propios, ni esfuerzo por ganar el favor de Dios. Es la fe como la de un niño en el triunfo del amor de Dios. Fe en que del otro lado de todos nuestros riesgos, por la seguridad de la justicia, Dios seguirá sosteniéndonos. Y que estaremos eternamente satisfechos en Él. Nada se habrá desperdiciado.

¿Qué hay mejor que ser conquistadores?

Hay aun más en la promesa que nos sostiene en los momentos de riesgo por la causa de Cristo. Pablo pregunta: «... Si Dios es por nosotros, ¿quién contra nosotros?» (Romanos 8:31). La respuesta que nos da aquí es: ¡Nadie! Es lo mismo que decir: «Si Dios está con nosotros, nadie podrá contra nosotros». Parece ingenuo. Es como si al ver nuestra cabeza decapitada dijéramos: «Ni un solo cabello de mi cabeza ha perecido». Estas afirmaciones excesivas parecen querer decir algo más de lo que hemos dicho hasta ahora. Buscan decir algo más, además de que los santos que mueren jamás serán separados de Cristo.

Este «algo más» se revela en las palabras «más que vencedores». «Antes, en todas estas cosas somos más que vencedores por medio de aquel que nos amó» (Romanos 8:37). ¿Qué significa ser «más que vencedores»? ¿Cómo podemos ser más que vencedores cuando nos arriesgamos por Cristo y sufrimos por eso?

Si nos arriesgamos en un acto de obediencia que magnifique el supremo valor de Jesucristo y somos atacados por alguno de los enemigos mencionados en el versículo 35 —el hambre o la espada, quizá—, ¿qué deberá suceder para que se nos llame simplemente «vencedores»? Respuesta: No debemos ser separados del amor de Cristo. El objetivo del atacante es el de destruirnos y separarnos de Cristo para llevarnos a la ruina final sin Dios. Somos conquistadores si derrotamos esta intención y permanecemos en el amor de Cristo. Dios nos ha prometido que así será. Y al confiar en esto, nos arriesgamos.

Sin embargo, ¿qué debe suceder en este conflicto con el hambre y la espada para ser llamados más que vencedores? Una respuesta bíblica es que el vencedor derrota a su enemigo, pero uno que es más que un conquistador lo subyuga. El conquistador anula el propósito del enemigo; el que es más que un conquistador hace que el enemigo sirva a su propio propósito. El conquistador vence al enemigo; el que es más que un conquistador convierte a su enemigo en esclavo.

¿Qué significa esto en términos prácticos? Utilicemos las propias palabras de Pablo en 2 Corintios 4:17: «Porque esta leve tribulación momentánea produce en nosotros un cada vez más excelente y eterno peso de gloria». Podríamos decir aquí que la «tribulación» es uno de los enemigos que nos atacan. ¿Qué ha sucedido en el conflicto de Pablo con esta tribulación? Por cierto, no lo ha separado del amor de Cristo. Y lo que es más, la ha subyugado para que le produzca gozo eterno. La aflicción, otrora su enemigo, ahora obra a favor de Pablo. Le produce un «eterno peso de gloria». Su enemigo es ahora su esclavo. No solo ha conquistado al enemigo. Ha hecho mucho más que eso.

La tribulación alzó su espada para cortarle la cabeza a la fe de Pablo. Pero la mano de la fe tomó el brazo de la tribulación y lo forzó a cortar parte de lo mundano en Pablo. La tribulación es ahora sirviente de la humildad, el amor y el servicio a Dios. Satanás quiso hacer el mal, pero Dios lo convirtió en algo bueno. El enemigo se convirtió en esclavo de Pablo y produjo en él un peso de gloria aun mayor del que se hubiera obtenido sin esta pelea. De este modo, Pablo —y todo seguidor de Cristo— es más que un vencedor.

El único camino que lleva al gozo perdurable

Esta es la promesa que nos da el poder para correr riesgos por Cristo. No es el impulso del heroísmo, ni las ansias de aventura, ni la confianza en uno mismo ni la necesidad de ganar el favor de Dios. Es la simple confianza en Cristo: en Él, Dios hará todo lo que haga falta para que podamos disfrutarlo para siempre. Todo bien nos bendecirá, y todo mal que se nos enfrente, al final contribuirá a que nos gloriemos solamente en la cruz, magnificando a Cristo y glorificando a nuestro Creador. La fe en estas promesas nos libera para que nos arriesguemos y encontremos por experiencia propia que es mejor perder nuestra vida antes que desperdiciarla.

Por lo tanto, es correcto arriesgarnos por la causa de Cristo. Está bien enfrentar al enemigo y decir: «Haga Jehová lo que bien le pareciere». Está bien servir al pueblo de Dios y decir: «¡Y si perezco, que perezca!». Está bien pararse ante el horno encendido de la aflicción y negarse a servir a los dioses de este mundo. Este es el camino que lleva a la plenitud del gozo y el placer por toda la eternidad. Al final de todo otro camino, seguro y sin riesgos, nos llevaremos las manos a la cabeza y diremos: «¡La he desperdiciado!».

6

El objetivo de la vida: Lograr con regocijo que otros encuentren gozo en Dios

Es imposible arriesgar nuestra vida para que otros encuentren gozo en Dios si no estamos dispuestos a perdonar. Si siempre vemos las fallas y ofensas de los otros y los tratamos con rudeza, es muy probable que no hallen el gozo en Dios. Esta disposición, universal en todos los seres humanos, debe ser erradicada. No es posible que otros encuentren gozo en Dios si les guardamos rencor, los odiamos o los rechazamos por sus debilidades y faltas. Debemos perdonar.

No comiences a levantar objeciones con respecto a los casos más difíciles. Estoy hablando de un espíritu, una disposición, no de una lista de criterios sobre cuándo hacer esto o aquello. Tampoco hablo acerca de fingir ser graciosos o de no reprochar, disciplinar o pelear. Las preguntas son: ¿Nos inclinamos hacia la misericordia? ¿Fallamos en la gracia? ¿Tenemos un espíritu de perdón? Sin él, nos apartaremos de nuestra necesidad y desperdiciaremos nuestra vida.

El perdón es bueno porque nos da a Dios

El motivo bíblico por el que debemos perdonar puede ser más profundo que el de haber sido perdonados. Es verdad que el motivo por el que debemos perdonar es porque Dios nos ha perdonado a nosotros, aun cuando no lo merecíamos. «Más bien, sean bondadosos y compasivos unos con otros, y perdónense mutuamente, *así como Dios los perdonó a ustedes en Cristo*» (Efesios 4:32, NVI). Pero en el fondo, el motivo no es el perdón de Dios, sino lo que el perdón de Dios nos da. Nos da a Dios.

¿Por qué atesoramos el perdón de Dios? Hay respuestas a esta pregunta que deshonrarían a Dios, porque son beneficios del perdón que uno puede atesorar sin amarlo a Él. Podemos decir: «Atesoro el perdón de Dios porque odio sentirme culpable». O «porque no quiero ir al infierno». O «porque quiero ir al cielo y ver a mis seres queridos y tener un cuerpo nuevo, sin dolores ni enfermedades». ¿Dónde está Dios en estos motivos? En el mejor de los casos, está allí en todos como el verdadero tesoro de la vida.

Si esto es así, estos deleites son verdaderamente modos de atesorar a Dios. Una conciencia limpia y libre nos permite ver mejor a Dios y nos libera para disfrutar de Él. Escapar del infierno al precio de la sangre de Cristo nos hace ver mejor el compromiso de Dios a la santidad misericordiosa y su deseo de que seamos felices. El regalo de ver a los seres queridos destaca la maravilla de Dios al crear relaciones de amor. Tener un cuerpo nuevo profundiza nuestra identificación con el Cristo glorificado. Pero si Dios mismo no es el centro, y sospecho que para muchos cristianos no lo es, no conocemos lo que es el perdón ni para qué sirve.

El perdón es en esencia el modo en que Dios quita el gran obstáculo en nuestra relación con Él. Al cancelar nuestro pecado y pagar por este con la muerte de su propio Hijo, Dios abre el camino para que lo veamos, lo conozcamos y lo disfrutemos por siempre. Ver a Dios y disfrutarlo es el objetivo del perdón. La satisfacción de nuestra alma en la relación con nuestro Padre es el objetivo de la cruz. Si nos gusta ser perdonados solo por otros motivos, no somos perdonados en realidad y desperdiciamos nuestra vida.

¿Cuál es la razón fundamental por la que debemos perdonar a otros? «Perdónense mutuamente, así como Dios los perdonó a ustedes en Cristo». Debemos perdonar como Dios nos perdonó. Dios nos perdonó de tal modo que obtengamos infinito gozo en Él. Dios es el objetivo del perdón. Es también el medio y el sostén de este. El perdón viene *de Él*; fue logrado *a través* de su Hijo; y nos lleva de vuelta a Él, en tanto que nuestros pecados han sido arrojados al más profundo de los mares. Por eso, el motivo por el que debemos tener un espíritu de perdón es el gozo de estar con alegría y libertad junto a Dios. Aun cuando el costo fue alto, Dios nos dio lo que necesitábamos por encima de todas las cosas: se dio a sí mismo para que lo disfrutemos por siempre. El perdón de Dios es importante por una razón: ¡nos da a Dios![1]

Lo que quiere dar el que perdona

Nuestro impulso para perdonar a otros es el gozo que sentimos en un Dios que perdona. No solo por ser perdonados, sino porque recibimos gozo en Dios cuando somos perdonados. Si no vemos ni sentimos esto, es probable que tengamos motivos de benevolencia que no están centrados en Dios y que no conozcamos ni demos a conocer el mayor bien que hay: el placer en Dios que todo lo satisface. Si sentimos el

1. Para más información sobre este tema, véase John Piper, *Dios es el evangelio* (Grand Rapids, MI: Editorial Portavoz, 2007).

perdón como un regalo de gozo en Dios, algo que no merecemos y por lo que jamás hemos pagado, su gozo nos llevará con amor hacia el mundo del pecado y el sufrimiento, donde nuestro objetivo será que otros encuentren el perdón y el eterno gozo en Dios por medio de Jesucristo.

El gozo en Dios rebosa con misericordia gozosa hacia las personas, porque el gozo en un Dios misericordioso no puede dejar de ser misericordioso. No podemos dejar de hacer lo que más disfrutamos de Dios. El gozo en un Dios que no ahorró en precio, que entregó a su Hijo por los pecadores que no lo merecían, no permite que paguemos mal con mal. Ese gozo se complacerá en ser misericordioso (Miqueas 6:8). El gozo en un Dios lento para la ira no puede convivir con la impaciencia. Peleará hasta que triunfe lo que más admira en Dios. El gozo en el Dios que pasa la eternidad mostrando «...las abundantes riquezas de su gracia en su bondad para con nosotros...» (Efesios 2:7) se deleita en ser generoso y busca siempre dar más.

Si no quieren dar, no son cristianos

Robert Murray M'Cheyne, un pastor escocés que murió a los veintinueve años en 1843, habló de la misericordia y de la generosidad de los cristianos como evidencia de su condición de verdaderos cristianos. Amaba a los pobres de su parroquia y temía por aquellos otros que no buscaban maneras de mostrarles misericordia.

> Me preocupan los pobres, pero más me preocupan ustedes. No sé qué les dirá Cristo en el Gran Día... temo que hay muchos aquí que me oyen y saben bien *que no son cristianos porque no les gusta dar.* Dar en abundancia y libremente, sin guardarse

> nada, requiere de un corazón nuevo; el corazón viejo prefiere dar sangre antes que dinero. ¡Ah, amigos! Disfruten de su dinero; hagan del dinero su dios; no lo den, pero disfrútenlo pronto, ¡porque puedo decirles que, por toda la eternidad, no serán más que mendigos![2]

No nos hallaremos ante un dilema

¿Cuál es la naturaleza y el objetivo de dar con gozo como cristianos? Es el esfuerzo de dar a otros, con creatividad y sacrificio necesarios, gozo creciente y perdurable, gozo en Dios.[3] Si glorificamos en nosotros a Dios cuando más satisfechos estamos en Él, como vimos en el capítulo 2, vivir para su gloria debe significar que con regocijo vivamos para hacer que otros se gocen en Dios. Nuestro gozo y la búsqueda del gozo para otros glorifican a Dios. Y como el gozo en Él es la felicidad mayor y perdurable, su búsqueda es también amor. Como el mismo gozo en Dios nos satisface y lo glorifica, jamás necesitamos elegir entre el motivo de amar a otros o glorificar a Dios.[4] Al

---

2. Robert Murray M'Cheyne, *Sermons of M'Cheyne* (Edimburgo: s.e., 1848), p. 482, énfasis añadido. Citado en Timothy J. Keller, *Ministries of Mercy: The Call of the Jericho Road* (Phillipsburg, NJ: Presbyterian & Reformed, 1997), p. 40.

3. Dice «creciente» no porque nos movamos eternamente de la tristeza al gozo en el cielo, sino porque vamos de la plenitud de uno a la plenitud del otro. Digo esto porque una mente finita, y siempre seremos finitos, no puede comprender la plenitud de Dios. Él es infinito. Por lo tanto, nos comunica gradualmente su plenitud infinita. Siempre habrá más para ver de un Dios infinito. Según veamos esto, seremos más y más felices. Puedes encontrar más sobre este tema, por Jonathan Edwards, en John Piper, *God's Passion for his Glory: Living the Vision of Jonathan Edwards* (Wheaton, IL: Crossway Books, 1998), p. 37.

4. Para un tratamiento más completo sobre la unidad de estos dos motivos en la vida cristiana, véase el capítulo «A passion for God's Supremacy and Compassion for Man's Soul: Jonathan Edwards on the Unity of Motives for World Missions», en John Piper, *Let the Nations Be Glad: The Supremacy of God in Missions,* 2.ª ed. [*¡Alégrense las naciones! La supremacía de Dios en las misiones*] (Grand Rapids, MI: Baker, 2003), pp. 203-214. Publicado en español por Editorial Clie.

buscar gozosamente que otros se gocen en Dios, aunque nos cueste la vida, *los amamos* y *honramos a Dios*. Esto es lo opuesto a una vida desperdiciada.

No podemos obligar a otros a que se gocen en Dios

¿Cómo hacemos que otros se gocen en Dios? De esto tratan los capítulos que siguen. Pero primero hay dos aclaraciones que quiero hacer. La primera es que, por supuesto, no podemos *obligar* a otros a que se gocen en Dios. El gozo en Dios es fruto del Espíritu Santo (Gálatas 5:22). Se llama el «gozo del Espíritu Santo» (1 Tesalonicenses 1:6). Es obra de Dios: «Que el Dios de la esperanza los llene de toda alegría [gozo] y paz a ustedes que creen en él, para que rebosen de esperanza por el poder del Espíritu Santo» (Romanos 15:13, NVI). Es el efecto de la gracia de Dios: «Ahora, hermanos, queremos que se enteren de la *gracia* que Dios ha dado a las iglesias de Macedonia. En medio de las pruebas más difíciles, su desbordante *alegría* y su extrema pobreza abundaron en rica generosidad» (2 Corintios 8:1-2, NVI). El gozo en Dios se despierta en el corazón cuando Dios con su gracia nos abre los ojos para que veamos la gloria de Cristo en el evangelio (2 Corintios 4:4).

Sin embargo, aunque el gozo en Dios es uno de sus dones, Él utiliza diferentes medios para hacer que las personas puedan poseerlo. Pablo describió su ministerio como trabajo para gozo de otros. «No es que intentemos imponerles la fe, sino que deseamos *contribuir a la alegría de ustedes*, pues por la fe se mantienen firmes» (2 Corintios 1:24, NVI). Les dijo a los de la iglesia de Filipos que el motivo por el que Dios le permitía vivir era «… contribuir a su jubiloso avance en la fe» (Filipenses 1:25,

NVI). Jesús dijo que sus propias palabras eran el medio que Dios utilizaría para dar gozo a sus discípulos: «Les he dicho esto para que tengan mi *alegría* y así su *alegría* sea completa» (Juan 15:11, NVI). También dijo que la oración era un medio para el gozo: «Hasta ahora no han pedido nada en mi nombre. *Pidan* y recibirán, para que su *alegría* sea completa» (Juan 16:24, NVI). La lista de medios podría seguir y seguir. Pero aquí busco mostrar que hay cosas que podemos hacer para que otros se gocen en Dios siempre que Él bendiga nuestros esfuerzos con su decisiva gracia.

Hacer que otros se gocen en Dios: una tarea masiva

La segunda aclaración es que el gozo en Dios no es una experiencia religiosa periférica. Cuando hablo de hacer que otros se gocen en Dios, tengo en mente toda la obra salvadora de Dios desde el comienzo hasta el final. No digo que el gozo sea la salvación. Digo que el gozo en Dios es el objetivo de toda obra salvadora y la esencia de la experiencia que significa ser salvo. Sin este gozo en Dios, no habría salvación.

Así que cuando hablo de hacer que otros se gocen en Dios, incluyo *el plan y la gracia* de Dios «…que nos fue dada en Cristo Jesús antes de los tiempos de los siglos» (2 Timoteo 1:9). Incluyo la *obra redentora de Cristo* en toda su extensión, en la muerte y la resurrección (véase Romanos 3:24-26). Incluyo la obra divina del *nuevo nacimiento*, que nos da una nueva naturaleza (Juan 3:3-7; 1 Pedro 1:3, 23). Incluyo la transformación de nuestra mente llamada *arrepentimiento*, que nos aleja del pecado y nos acerca a Dios en busca de ayuda (2 Timoteo 2:25; Hechos 3:19; 26:20). Incluyo la *fe* en Jesucristo, que lo declara como Señor, Salvador y supremo tesoro de vida (Filipenses 3:7-9). Incluyo el cambio progresivo hacia el ser más como Cristo llamado *santificación* (Romanos 6:22; 8:29). Incluyo la *vida de amor*, que considera mejor dar que recibir (Hechos 20:35). E incluyo la *total renovación* del cuerpo, la mente, el corazón, las relaciones y la sociedad, que se da parcialmente en esta era mediante la presentación del reino de Dios, y completamente en la era por venir en la consumación de los propósitos divinos (Hechos 3:21; Romanos 8:23).

Cuando hablo de gozo en Dios, me refiero al gozo que se arraiga en el eterno decreto de Dios, que fue comprado con la sangre de Cristo, que despierta en el corazón nacido de nuevo gracias al Espíritu Santo, que surge del arrepentimiento y la fe, y que constituye la esencia de la santificación y el ser cristiano, dando lugar a una vida de amor y pasión por redimir al mundo según la imagen de Dios. El gozo en Dios es una realidad masiva, integral, planeada, comprada y producida por el Señor en la vida de sus elegidos para gloria de su nombre.

¿Qué debiéramos hacer?

Con estas dos aclaraciones, pregunto nuevamente: ¿Qué debiéramos hacer para que otros se gocen en Dios? ¿Qué caminos de riesgo y sacrificio debiéramos tomar en nuestra pasión por la supremacía de Dios en todas las cosas, en nuestro celo por magnificar a Cristo y en nuestro férreo compromiso por gloriarnos solamente en la cruz? De esto hablaremos en los capítulos que siguen.

7

Probemos que Dios es más precioso que la vida misma

Para hacer que otros se gocen en Dios con gozo eterno, nuestras vidas deben mostrar que Él es más precioso que la vida misma: «Porque mejor es tu misericordia que la vida; mis labios te alabarán» (Salmos 63:3). Para hacerlo, debemos decidir llevar una vida sacrificada, arraigados en la certeza de que magnificar a Cristo mediante la misericordia y la generosidad satisface más que el egoísmo. Si nos apartamos del riesgo para mantenernos a salvo y solventes, desperdiciaremos nuestras vidas. Este capítulo habla del tipo de vida que puede evitar que esto suceda.

Cómo no traicionar a Jesús

Si Cristo es un tesoro que todo lo satisface y promete cubrir todas nuestras necesidades incluidos el hambre y la desnudez, vivir como si tuviéramos los mismos valores que el resto del mundo sería traicionarlo. Pienso principalmente en el modo en que utilizamos nuestro dinero y en cómo nos sentimos con respecto a nuestras posesiones. Oigo las palabras de Jesús que dicen: «Así que no se preocupen diciendo: "¿Qué comeremos?" o "¿Qué beberemos?" o "¿Con qué nos vestiremos?" Porque los paganos andan tras todas estas cosas, y el Padre celestial sabe que ustedes las necesitan» (Mateo 6:31-32, NVI). En otras palabras, si mostramos que nuestras vidas se dedican a la obtención y manutención de las cosas, nos veremos como el mundo, y eso no hará que Cristo se vea grande. Será visto como un interés religioso adicional que puede servir para escapar del infierno al final del camino, pero que no deja una huella en el modo en que vivimos o amamos en esta vida. No se le verá como un tesoro que todo lo satisface. Y esto no hará que otros se gocen en Dios.

Si somos extranjeros y peregrinos en la tierra (1 Pedro 2:11), si nuestra ciudadanía está en los cielos (Filipenses 3:20), si nada puede separarnos del amor de Cristo (Romanos 8:35), si su misericordia es mejor que la vida (Salmos 63:3), y si toda tribulación produce en nosotros un cada vez más excelente y eterno peso de gloria (2 Corintios 4:17), echaremos al viento nuestros temores y buscaremos «...primeramente el reino de Dios y su justicia...» (Mateo 6:33). Veremos todo como basura en comparación con Cristo (Filipenses 3:7-8). Sufriremos con gozo el despojo de nuestros bienes (Hebreos 10:34) por demostrar misericordia. Elegiremos «...antes ser maltratado con el pueblo de Dios, que gozar de los deleites temporales del pecado» y tendremos «...por mayores riquezas el vituperio de Cristo que los tesoros de los egipcios...» (Hebreos 11:25-26).

¿Por qué las personas no nos preguntan sobre nuestra esperanza?

No hay duda de que si viviéramos de este modo, el mundo estaría más dispuesto a pensar en Jesús como en un tesoro que todo lo satisface. Así se le vería. ¿Cuándo fue la última vez que alguien te preguntó por el motivo de la esperanza que tienes? Esto es lo que Pedro dijo que siempre debíamos estar listos para hacer: «...Estén siempre preparados para responder a todo el que les pida razón de la esperanza que hay en ustedes» (1 Pedro 3:15, NVI).

¿Por qué las personas no nos preguntan sobre nuestra esperanza? La respuesta es que probablemente nuestras esperanzas se vean iguales a las de ellos. Nuestras vidas no se ven como si anduviéramos por el camino del Calvario, con amor sacrificado, sirviendo a otros con la dulce seguridad de que no necesitamos recompensas en esta vida. ¡Nuestra recompensa es grande en el cielo (Mateo 5:12)! «...te será recompensado en la resurrección de los justos» (Lucas 14:14). Si creyéramos más profundamente en esto, otros verían el valor de Dios y encontrarían gozo en Él.

La credibilidad de Cristo depende de cómo utilicemos nuestro dinero

El tema del dinero y el estilo de vida no es un tema menor en la Biblia. La credibilidad de Cristo en el mundo depende de ello. «Un quince por ciento de todo lo que Cristo dijo se relaciona con este tema, más que sus enseñanzas acerca del cielo y el infierno combinadas».[1] Veamos lo que contienen sus enseñanzas:

- «...Una cosa te falta: anda, vende todo lo que tienes, y dalo a los pobres, y tendrás tesoro en el cielo; y ven, sígueme, tomando tu cruz» (Marcos 10:21).
- «Él entonces dirigió la mirada a sus discípulos y dijo: "Dichosos ustedes los pobres, porque el reino de Dios les pertenece... Pero ¡ay de ustedes los ricos, porque ya han recibido su consuelo!» (Lucas 6:20, 24, NVI).

1. Randy Alcorn, *The Treasure Principle* (Sisters, OR: Multnomah, 2001), p. 8.

- «De la misma manera, cualquiera de ustedes que no renuncie a todos sus bienes, no puede ser mi discípulo» (Lucas 14:33, NVI).
- «Porque es más fácil pasar un camello por el ojo de una aguja, que entrar un rico en el reino de Dios» (Lucas 18:25).
- «...la vida del hombre no consiste en la abundancia de los bienes que posee» (Lucas 12:15).
- «Más bien, busquen primeramente el reino de Dios y su justicia, y todas estas cosas les serán añadidas» (Mateo 6:33, NVI).
- «Vendan sus bienes y den a los pobres. Provéanse de bolsas que no se desgasten; acumulen un tesoro inagotable en el cielo...» (Lucas 12:33, NVI).
- «...Zaqueo... dijo al Señor: He aquí, Señor, la mitad de mis bienes doy a los pobres... Jesús le dijo: Hoy ha venido la salvación a esta casa...» (Lucas 19:8-9).
- «...el reino de los cielos es semejante a un tesoro escondido en un campo, el cual un hombre halla, y lo esconde de nuevo; y gozoso por ello va y vende todo lo que tiene, y compra aquel campo» (Mateo 13:44).
- «[Jesús] También vio a una viuda pobre que echaba dos moneditas de cobre. —Les aseguro —dijo— que esta viuda pobre ha echado más que todos los demás» (Lucas 21:2-3, NVI).
- «Dios le dijo: Necio, esta noche vienen a pedirte tu alma; y lo que has provisto, ¿de quién será? Así es el que hace para sí tesoro, y no es rico para con Dios» (Lucas 12:20-21).

- «Y le dijo Jesús: Las zorras tienen guaridas, y las aves de los cielos nidos; mas el Hijo del Hombre no tiene dónde recostar la cabeza. Y dijo a otro: Sígueme...» (Lucas 9:58-59).

Liberalidad arriesgada

Una y otra vez, Jesús repite su llamado radical a un estilo de vida de lucha y a una liberalidad arriesgada. Digo «arriesgada» a causa de la historia de esa viuda. Dio su último centavo al ministerio del templo. La mayoría de nosotros la llamaría tonta o, quizá con más delicadeza, imprudente. Pero Jesús no emite una sola palabra de crítica:

> *Pero una viuda pobre llegó y echó dos moneditas de muy poco valor. Jesús llamó a sus discípulos y les dijo: «Les aseguro que esta viuda pobre ha echado en el tesoro más que todos los demás. Éstos dieron de lo que les sobraba;* pero ella, de su pobreza, echó todo lo que tenía, todo su sustento» (Marcos 12:42-44, NVI).

El punto aquí no es que todos debamos regalar todo lo que tenemos. El punto es que Jesús ama el riesgo lleno de fe para la gloria de Dios. No tengo leyes para darte con respecto a los detalles de cómo gastar tu dinero. Tampoco Jesús las da. Simplemente, deseo señalar lo que Él dice y dejar que sus palabras tengan un efecto impactante y salvador en nosotros.

Utilicemos el dinero para mostrar que Dios es nuestro tesoro, no las posesiones

Jesús hace hincapié en el dinero y las posesiones a lo largo del Nuevo Testamento. Hay historias en el libro de los

Hechos: «Y vendían sus propiedades y sus bienes, y lo repartían a todos según la necesidad de cada uno» (Hechos 2:45). Están las palabras del apóstol Pablo: «...en grande prueba de tribulación, la abundancia de su gozo y su profunda pobreza abundaron en riquezas de su generosidad... Dios ama al dador alegre» (2 Corintios 8:2; 9:7). Y las palabras de Santiago, el hermano de Jesús: «...la hierba se seca, su flor se cae, y perece su hermosa apariencia; así también se marchitará el rico en todas sus empresas» (Santiago 1:11).

El tema se repite porque es crucial para el testimonio de la Iglesia. Si queremos que las personas se gocen en Dios, nuestras vidas deben mostrar que Él es nuestro gozo, no las posesiones. Debemos vivir de modo que se vea que nuestras posesiones son utilizadas para hacer que las personas se gocen en Dios, especialmente los más necesitados.

¿Por qué digo «estilo de vida de lucha»?

En ocasiones, utilizo la expresión «estilo de vida de lucha» o «concepto de lucha». La frase es útil, pero a veces puede llevar a malas interpretaciones. Para mí es muy útil porque me dice que hay una lucha en el mundo entre Cristo y Satanás, entre la verdad y la falsedad, entre creer y no creer. Me dice que hay armas para utilizar, pero que no son espadas, ni pistolas ni bombas, sino el evangelio, la oración y el amor sacrificado (2 Corintios 10:3-5). Y me dice que los resultados de este conflicto son más importantes que los de cualquier otra lucha que haya existido en toda la historia: el cielo o el infierno eternos e infinitos. El gozo eterno o el tormento eterno (Mateo 25:46).

Necesito oír este mensaje una y otra vez porque suelo olvidar la lucha, este estilo de vida de dar pelea; y esto es algo tan cierto como que la lluvia cae hacia abajo, y las llamas se elevan hacia el cielo. Por naturaleza me gustan los mismos juguetes que le gustan al mundo. Comienzo a llamar «hogar» a la tierra. Y casi sin darme cuenta, llamo «necesidades» a los lujos en los que gasto mi dinero, del mismo modo en que lo hacen los no creyentes. Y entonces olvido la lucha. No pienso en las personas que perecen. Las misiones, los pueblos lejanos, desaparecen de mi mente. Dejo de soñar en el triunfo de la gracia. Me hundo en el pensamiento secular que primero ve lo que puede hacer el hombre, no Dios. Es una enfermedad terrible. Y le agradezco al Señor por poner en mi camino personas que me obligan una y otra vez a recordar la lucha.

Cómo se ve esta lucha

Le agradezco a Dios por Ralph Winter (1924–2009), por ejemplo, quien no solo escribió poderosamente sobre este estilo de vida de lucha, sino que lo vivió como misionero, profesor y fundador del Centro Estadounidense de Misión Mundial, mediante el cual predicó incansablemente a los pueblos perdidos del mundo. He aquí una de sus más vívidas ilustraciones acerca de la diferencia entre la mentalidad de la lucha y la de sentirnos en tiempo de paz, con relación al uso de nuestras posesiones:

> El Queen Mary, amarrado en el puerto de Long Beach, California, es un fascinante museo del pasado. Fue utilizado como barco de lujo en tiempos de paz y para el transporte de tropas durante la Segunda Guerra Mundial. Hoy es un museo tan grande como tres campos de fútbol juntos, y presenta un impactante contraste entre los estilos de vida de los tiempos de guerra y de paz. De un lado,

> puede verse el salón comedor, reconstruido para mostrar las mesas tendidas para los ricos mecenas de la alta cultura, con cubiertos lujosos, que para estas personas eran cosa de todos los días. Del otro lado, se presenta el contraste con la austeridad de los tiempos de guerra. Una bandeja de metal, un tanto abollada, reemplaza los platos y la vajilla de porcelana. Las literas, apiladas en torres de ocho, explican por qué la capacidad para tres mil pasajeros en tiempos de paz se extendió a quince mil en tiempos de guerra. ¡Cuán repugnante les habrá parecido a los dueños en los tiempos de paz esta transformación! Por supuesto, se debía a una emergencia nacional. La supervivencia de la nación dependía de ello. La esencia de nuestra Gran Comisión hoy es que la supervivencia de muchos millones de personas depende de su cumplimiento.[2]

Mi corazón es vulnerable a la seducción de la comodidad de los tiempos de paz. Todos los días, los medios de comunicación me ofrecen imágenes y recordatorios de este lujo. Pero necesito volver una y otra vez a la ilustración que menciono para recordar que estamos en guerra, aunque las acciones en la bolsa suban o bajen, aunque los terroristas se escondan o ataquen, aunque estemos sanos o enfermos. El placer y el dolor tienen ambos el condimento del veneno, están dispuestos a matarnos con la enfermedad del orgullo o la desesperanza. La advertencia bíblica de «velar»[3] se

2. Ralph Winter «Reconsecration to a Wartime, not a Peacetime Lifestyle», en *Perspectives on the World Christian Movement: A Reader*, eds. Ralph D. Winter y Steven C. Hawthorne, 2.ª ed., (Pasadena, CA: William Carey Library, 1999), p. 705.

3. Mateo 24:42; 25:13; 26:41; Hechos 20:31; 1 Corintios 16:13; Efesios 6:18; Colosenses 4:2; 1 Tesalonicenses 5:6; 1 Pedro 5:8.

equipara con la imagen de los tiempos de guerra. Y siento que necesito oír esta advertencia cada día.

¿Por qué no hablamos de «la vida simple»?

Es más útil pensar en un estilo de vida de lucha que sencillamente en una «vida simple». La simplicidad puede sonar romántica y tener una hermosa apariencia, ajena a los negocios sucios de la misericordia en los lugares peligrosos del mundo. La simplicidad también deja de tener en cuenta el hecho de que, en tiempo de guerra, se requieren enormes gastos para entrenar a las tropas y obtener las armas necesarias. Todo esto no se ve simple y al mismo tiempo es caro. Pero cuando la guerra llama, todo el país hace el sacrificio. La simplicidad puede beneficiarnos internamente sin dar provecho a nadie más. La guerra implica que hay una causa grande y valiosa por la que debemos gastar y gastarnos (2 Corintios 12:15).

Desperdiciar la vida significa perderla al intentar salvarla

«Gastarnos» no suena demasiado agradable. No lo es. Cuando nos gastamos para hacer que otros se gocen en Dios, pareciera que perdemos parte de nuestra vida. Jesús enseñó que «todo el que quiera salvar su vida, la perderá; y todo el que pierda su vida por causa de mí y del evangelio, la salvará» (Marcos 8:35). Y esto se aplica a las personas que van camino al cielo y a las culturas que van camino a la extinción. Ralph Winter lo ilustra de este modo:

> Hoy los Estados Unidos es una sociedad de «sálvese quien pueda». Pero ¿esto en realidad funciona? Las sociedades subdesarrolladas sufren de gran

> cantidad de enfermedades: tuberculosis, desnutrición, neumonía, parásitos, fiebre tifoidea, cólera, tifus, etc. Los acaudalados Estados Unidos han prácticamente inventado toda una nueva serie de enfermedades: obesidad, arteriosclerosis, enfermedades del corazón, ataques cerebrales, cáncer de pulmón, enfermedades venéreas, cirrosis, drogadicción, alcoholismo, divorcio, niños golpeados, suicidio, asesinato. Puede elegir. Las máquinas que nos ahorran trabajo se han convertido en aparatos que destruyen nuestros cuerpos. Nuestra riqueza da lugar a la movilidad y al aislamiento del núcleo familiar. Como resultado, nuestras cortes de divorcio, prisiones e instituciones psiquiátricas se desbordan. Al salvarnos casi nos hemos perdido.[4]

Utilizar nuestras posesiones de forma que los más necesitados se gocen en Dios podría salvarnos en más de una manera. Podría confirmar que Cristo es nuestro tesoro y mantenernos en el camino que va al cielo. Y transformaría nuestra sociedad, que se ve empujada por el deseo suicida de satisfacerse sin gozo en Cristo y sin amor por los necesitados. Para salvarnos de esta tragedia, debemos pensar seriamente en la importancia de un estilo de vida de lucha.

La guerra a escala microbiológica

Cerca del final de su vida, Ralph Winter desplegó otra bandera de lucha. Y vale la pena hacerla flamear aquí también. Dios puede utilizarla para enviar a algunos de ustedes en

4. Ralph Winter, «Reconsecration to a Wartime, not a Peacetime Lifestyle», p. 706.

una dirección del ministerio que nunca se consideró como tal. Winter llamó nuestra atención a los efectos del pecado y de Satanás en el nivel microbiológico, donde ocurre la peor devastación de la maravillosa creación de Dios:

> Satanás, de forma horrenda, emplea su rebelde libertad en el desarrollo de gérmenes y virus destructivos que hoy representan un tercio de las muertes en el planeta. Lo que la Biblia llama simplemente «pestilencia» ataca tanto a los animales como a los humanos. Pero nuestra teología popular no lo reconoce claramente como obra de Satanás, la cual Dios espera que combatamos como parte de su misión.
>
> Pero, si los misioneros no predican acerca del Dios que se interesa en todo sufrimiento y toda distorsión de su obra de creación, en todos estos niveles estaremos malinterpretando el pleno alcance de su amor y preocupación, su verdadera naturaleza...
>
> En Vietnam murieron diez estadounidenses por día como promedio durante los diez años que duró la guerra. Y nuestro gobierno vertió miles de millones de dólares en ese conflicto para lograr sacar a nuestros hombres de allí.
>
> No obstante, ahora mismo mueren no diez, sino mil quinientos estadounidenses cada día a causa del cáncer. Pero nuestro gobierno solo destina centavos para solucionarlo: el 80% de ellos derivados a la investigación del sida. Y el 20% que termina siendo para la investigación del cáncer se gasta casi enteramente en evaluar tratamientos que no están enfocados en la prevención. Entiendo que los cuarenta

> proyectos financiados por el Instituto Nacional del Cáncer están enfocados en tratamientos de quimioterapia y radiación, no en la prevención.
>
> Es como si estuviéramos atrapados en ciento cincuenta guerras de Vietnam al mismo tiempo en lo que concierne a la cantidad de muertos. Pero ¡vivimos como si estuviéramos en tiempos de paz! ¿Cómo podemos despertar nuestra conciencia de estadounidenses al hecho de que un tercio de las mujeres y la mitad de los varones contraerán cáncer antes de morir?[5]

Concuerda completamente con la intención de este libro el que miles de cristianos oigan este reto del doctor Winter para dar sus vidas a la ciencia, la investigación y las misiones médicas, para presentar guerra contra la enfermedad y el sufrimiento, demostrando así la belleza y el poder de Cristo. ¿Qué tipo de sacrificios debiéramos hacer para combatir al enemigo en este aspecto?

Cuando lo más pequeño importa

Hemos observado el sacrificio de los militares durante la Segunda Guerra Mundial. Sin embargo, no fueron sola-

5. Para aclarar la relación entre la libertad de Satanás y la soberanía de Dios, destacaría que Satanás es real y que Dios le da permiso (alargando la soga, quizá) para explotar la divina maldición a causa del pecado sobre la creación (Romanos 8:20-23). Sin embargo, es Dios quien tiene el control del mundo en todos sus aspectos. No hay contradicción al decir que Dios es quien lo controla todo y decir que debemos esforzarnos por triunfar por encima de las enfermedades, resistir a la injusticia y ganar más personas para Cristo. Nuestra labor es parte del modo de Dios de cumplir su plan soberano. Véase John Piper, «God's Pleasure in All That He Does» [«El placer de Dios en todo lo que hace»] (cap. 2) en *The Pleasures of God: Meditations on God's Delight in Being God* [*Los deleites de Dios: meditaciones acerca del placer que siente Dios en ser Dios*] (Sisters, OR: Multnomah, 2000), pp. 47-76. Publicado en español por Editorial Vida.

mente los militares quienes cambiaron sus prioridades. El país entero lo hizo, y del mismo modo la Iglesia entera podría hacerlo hoy. Durante la Segunda Guerra Mundial:

> La nación entera... parecía haber despertado de su letargo de la Gran Depresión de la noche a la mañana. Todos acudieron a ayudar. Se necesitaba caucho, gasolina y metal. Se detuvo un juego de básquet femenino en la Universidad de Northwestern para que el referí y los diez jugadores buscaran un prendedor perdido en la cancha. Los estadounidenses apoyaron los programas de racionamiento, y los muchachos se presentaron como voluntarios para diversas «colectas». La mantequilla, la leche, la carne y la comida en lata se racionaron. También los zapatos, el papel y la seda. Las personas cultivaban en sus huertos y ahorraban combustible manejando a cincuenta kilómetros por hora. «¡Utilice, recicle, haga que dure o arrégleselas sin ello!» era el lema popular. Las sirenas y los apagones se cumplían con exactitud. Los Estados Unidos se sacrificaba.[6]

Estas imágenes me parecen muy poderosas. En realidad, me hacen apreciar los beneficios de la libertad y la prosperidad. Pero principalmente me reprochan mi frívolo estilo de vida y me inspiran a hacer que mi vida tenga significado y cuente para algo más que para la comodidad y el éxito terrenal. Que cuente para algo eterno, que exalte a Dios.

---

6. James Bradley, *Flags of Our Fathers* [*Seis hombres y una bandera: la batalla de Iwo Jima*] (Nueva York: Bantam, 2000), p. 62. Publicado en español por Editorial Ariel.

Sí, sí, hablar de lucha quizá suene mal

Admito, como dije antes, que el término «estilo de vida de lucha» puede malinterpretarse o sonar mal. Después de un mensaje en que utilicé estas palabras, una persona me escribió preguntando: «Cuando destacas la imagen del estilo de vida de guerra, ¿dejas lugar a los aspectos de la vida que no forman parte de la lucha, como el arte o el ocio? ¿No hay otras imágenes más pacíficas para la vida cristiana?».

Aquí está la respuesta que di en mi siguiente mensaje:

> La respuesta es, sí, absolutamente, hay otras imágenes para la vida cristiana mucho más pacíficas: «Jehová es mi pastor; nada me faltará. En lugares de delicados pastos me hará descansar; junto a aguas de reposo me pastoreará» (Salmos 23:1-2). Esta es una imagen muy diferente de las bombas y la sangre. «Vengan a mí todos ustedes que están cansados y agobiados, y yo les daré descanso» (Mateo 11:28, NVI). «Aun en la vejez, cuando ya peinen canas, yo seré el mismo, yo los sostendré. Yo los hice, y cuidaré de ustedes; los sostendré y los libraré» (Isaías 46:4, NVI).
>
> Y sí, hay un lugar y un tiempo adecuados para que los cristianos se beneficien, evalúen y transformen el espectro de la cultura humana. En realidad, es casi imposible no ser parte de nuestra cultura occidental moderna; y si *no* pensamos en términos de lo adecuado, de la evaluación bíblica y la transformación meditada, probablemente nos consuma la cultura y ni siquiera sepamos que somos más estadounidenses que cristianos.

Así que, sí, claro que sí, utiliza *todas* las imágenes de las Escrituras, no solo las de lucha, para dar forma a tu vida. Y luego deja que tu vida cristiana, gozosa en Dios, que atesora a Cristo, que se orienta al dar, dé forma a la cultura.

Lo que quiero decir es que en el próspero Occidente, el peligro en la iglesia no está en que haya demasiadas personas, demasiado celosas, que se preocupen demasiado por los perdidos e inviertan peligrosamente en la causa del evangelio, arruinando así sus vidas por su excesiva misericordia hacia los pobres. Por cada santo descuidado que se inmola y hace quebrar a su familia a causa de su excesivo celo, imagino que hay miles que van con el mundo, tratando a Jesús como un bien agregado, pero no como el Rey omnipotente que todo lo satisface en su causa de amor.

La ruinosa ética de evitar y nada más

Uno de los rasgos de esta mentalidad de vivir en tiempos de paz es lo que llamo la ética de evitar. En tiempos de guerra, nos hacemos preguntas sobre qué hacer con nuestras vidas que no hacemos en tiempos de paz. Nos preguntamos: ¿Qué puedo hacer por la causa? ¿Qué puedo hacer para contribuir a la victoria? ¿Qué sacrificio, qué riesgos podrían asegurar el gozo del triunfo? Pero en tiempos de paz nos preguntamos: ¿Cómo puedo lograr mayor comodidad? ¿Divertirme más? ¿Evitar los problemas y, quizá, evitar el pecado?

Si vamos a pagar el precio y correr los riesgos para hacer que otros se gocen en Dios, debemos ir más allá de esta ética de evitar y nada más. Este modo de vida es totalmente inadecuado para despertar a las personas a la belleza de Cristo. Si evitamos los problemas y las conductas impropias, no impresionaremos a nadie. La ética de evitar y nada más no glorifica ni alaba a Dios. Hay muchos no creyentes disciplinados que también evitan este tipo de conductas. Jesús nos llama a ser mucho más radicales que esto.

Las preguntas incorrectas y las correctas

Las personas que siguen esta ética de evitar y nada más, por lo general, hacen las preguntas incorrectas acerca de la conducta: ¿Qué está mal? ¿Qué hay de malo en esta película? ¿En esta música? ¿En este juego? ¿En estas compañías? ¿En este modo de relajarse? ¿En esta inversión? ¿En este restaurante? ¿En comprar aquí? ¿Qué mal hay en ir todos los fines de semana a mi cabaña? ¿Qué hay de malo en tener una cabaña? Es poco probable que este tipo de preguntas dé como resultado una vida que glorifique a Cristo y que haga que otros se gocen en Dios. Simplemente, el resultado es una lista de «cosas que no hay que hacer». Alimenta la ética del evitar y nada más.

Las preguntas que debemos hacer con relación a posibles conductas son: ¿Cómo me ayudará esto a atesorar más a Cristo? ¿Cómo me ayudará a mostrar a los demás que lo atesoro? ¿Cómo me ayudará esto a conocer más a Dios? La Biblia dice: «...ya sea que coman o beban o hagan cualquier otra cosa, háganlo todo para la gloria de Dios» (1 Corintios 10:31, NVI). Así que la pregunta es principalmente positiva, no negativa. ¿Cómo puedo mostrar la gloria de Dios en esta acción? ¿Cómo puedo disfrutar de Dios con esta conducta?

Tener la nariz limpia y dar tiempo de calidad a la familia no es vivir

¡Ah, cuántas vidas se desperdician porque se cree que la vida cristiana significa simplemente evitar el mal y cuidar a la familia! No hay adulterio, ni robos, ni asesinatos, ni fraude ni estafas, solo trabajar duro durante el día, mucha televisión y juegos de video por la noche (el tiempo de calidad para la familia) y mucha diversión los fines de semana, además de asistir a la iglesia en la mayoría de los casos. Esta es la vida que llevan millones de personas. Una vida desperdiciada. Fuimos creados para más, mucho más.

Hay un viejo refrán: «Nadie se lamenta en su lecho de muerte diciendo: "Ojalá hubiera pasado más tiempo en la oficina"». El punto aquí es que cuando uno está cerca de morir, de repente ve el dinero como lo que en realidad es, inútil como un medio para lograr la felicidad duradera. En cambio, las relaciones sí se aprecian en ese momento. Y es verdad. Cuando mi madre falleció en 1974, llamé al jefe de mi departamento en Bethel, donde yo enseñaba, y revoqué mi solicitud de un puesto de suplente para el semestre siguiente que me haría ganar más dinero. Estar junto a la tumba de mi madre, con mi esposa y mi hijo hizo que todo se viera diferente. El dinero perdió su atractivo.

Pero ese dicho acerca de pasar menos tiempo en la oficina también puede malinterpretarse. Debemos agregar esto: nadie jamás querrá decirle al Señor del universo cinco minutos antes de morir: «Pasé todas mis noches jugando y mirando videos con mi familia porque los amaba mucho». Creo que el Señor diría: «Eso no hizo que me viera como tu tesoro. Deberías haber hecho algo, además de proveer para ti y tu familia. Y las horas delante de una pantalla, como sabrás, no era una buena manera de alimentar tu alma ni la de tu familia».

La televisión, el gran instrumento para desperdiciar vidas

Durante sesenta años, la televisión fue, quizás, el mejor instrumento para desperdiciar vidas. Ahora, mientras escribo esto en 2002, los servicios de *streaming* por la Internet han dejado casi obsoleta la televisión tradicional. Las redes sociales, los videojuegos y los flujos interminables de noticias ejercen su hechizo con un atractivo implacable. A diferencia de la televisión, la Internet ofrece prácticamente todo tipo de entretenimiento a todas horas. Se puede ser más selectivo en la Internet, pero también se puede elegir cosas pecaminosas y solo el Juez del universo lo sabrá. La publicidad no ha desaparecido. Y como siempre, siembra fértiles semillas de codicia y lujuria, sin importar lo que estemos viendo. Pero el mayor problema de todo esto es la banalidad. Una mente alimentada a diario con la televisión se atrofia. Nuestra mente fue creada para conocer y amar a Dios. Su capacidad para cumplir con esta gran vocación se arruina a causa del exceso de entretenimiento. El contenido es tan obtuso y trivial que la capacidad de la mente para pensar cosas importantes se marchita, y la capacidad del corazón por sentir emociones profundas se atrofia. Neil Postman nos muestra por qué:

> Lo que sucede en los Estados Unidos es que la televisión está transformando todo asunto público importante en basura... La televisión desdeña la exposición, lo cual es serio, secuencial, racional y complejo. Ofrece a cambio un modo de discurso

> en lo que todo es accesible, simplista, concreto y por encima de todo, entretenido. Y como resultado, la primera cultura del mundo en peligro de entretenerse hasta la muerte es la de los Estados Unidos.[7]

El Dios sin peso

Como vivimos en un mundo creado por la televisión, es casi imposible ver lo que nos ha sucedido. La única esperanza consiste en leer cómo eran las personas en el pasado. Las biografías son un gran antídoto para la miopía cultural y el esnobismo crónico. Nos hemos vuelto casi incapaces de manejar con profundidad y reverencia toda gran verdad. Las cosas magnificentes, en especial la gloria de Dios, como dice David Wells, tienen algo de «liviandad» aun en la Iglesia.

> Uno de los signos característicos de nuestros tiempos es que Dios no tiene peso. No quiero decir que sea etéreo, sino que se ha vuelto poco importante. Está en el mundo de modo tan inadvertido que casi no lo notamos. Ha perdido su importancia en la vida humana. Aquellos que aseguran a los encuestadores que creen en la existencia de Dios quizá lo consideren a Él menos interesante que la televisión; sus mandamientos, con menos autoridad que la de sus apetitos por la riqueza o la influencia; sus juicios, menos temibles que las noticias de la noche; y su verdad, menos convincente que la dulce niebla de halagos y mentiras que presentan las propagandas. En esto radica la falta de peso de Dios. Es una

7. Neil Postman, «Amusing Ourselves to Death», *Et Cetera* 42 (primavera 1985), pp. 15, 18. Véase su libro del mismo título, *Amusing Ourselves to Death: Public Discourse in the Age of Show Business* (Nueva York: Viking, 1985).

> condición que le hemos asignado después de empujarlo hacia un rinconcito, en la periferia de nuestra vida secular… La falta de peso no nos dice nada acerca de Dios, pero sí nos habla de nosotros mismos, de nuestra condición, de nuestra disposición psicológica de excluir a Dios de la realidad.[8]

Entre Sudán y las medias de nailon

Hemos perdido la capacidad de ver y disfrutar las complejidades de la verdad, las profundidades de lo simple. Douglas Groothuis explica la conexión entre la televisión y esta debilidad:

> El triunfo de la imagen televisada por encima de la palabra contribuye a la falta de profundidad de la sensibilidad posmoderna. Uno no puede meditar sobre un programa de televisión como lo hace sobre un personaje de William Shakespeare o C. S. Lewis, o sobre una parábola de Blaise Pascal, o un verso de un poema de T. S. Eliot, como: «Nos arrastramos entre secas costillas / para calentar su metafísica». En televisión nadie podría pronunciar algo así en serio. Sería «mala televisión», demasiado abstracta, demasiado poética, demasiado profunda, poco entretenida… Y no solamente eso, sino que las imágenes aparecen, desaparecen y vuelven a aparecer sin un contexto racional adecuado. Un intento por presentar una noticia importante sobre la esclavitud en Sudán es seguido por un aviso de

8. David Wells, God in the Wasteland: *The Reality of Truth in a World of Fading Dreams* (Grand Rapids, MI: Eerdmans, 1994), pp. 88, 90.

> Disneylandia, o un llamado a comprar medias de nailon que harán de usted una mujer irresistible, etc., hasta provocar náuseas.[9]

Por eso el hombre que se para ante Dios con su adecuada ética imaginaria de evitar y nada más y su protesta de que no pasó demasiado tiempo en la oficina, sino que volvía a casa para ver televisión con su familia, probablemente no escape a la conclusión de que ha desperdiciado su vida. Jesús retó a sus discípulos con palabras que podemos aplicar a personas como estas: «Hasta los pecadores trabajan duro, evitan pecados mayores, miran televisión por la noche y hacen cosas divertidas el fin de semana. ¿Qué otras cosas haces tú que no hagan otros?» (véase Lucas 6:32-34; Mateo 5:47).

Sacrificio inspirador por causas menores

En realidad, en tiempos de guerra los pecadores suelen demostrar gran aptitud para el sacrificio por causas que no pueden compararse con Cristo. La causa más noble que existe en el mundo es la de rescatar con gozo a las personas del infierno, responder a sus necesidades, hacer que se gocen en Dios, y todo esto con un placer verdadero y amoroso que haga que Cristo se vea como el tesoro que en verdad es. No hay guerra sobre la tierra que se haya peleado por una causa mayor o por un rey más importante.

Pero ¡qué grandes sacrificios y riesgos han inspirado estas causas menores! El 19 de febrero de 1945, comenzó la batalla de Iwo Jima. Era una isla yerma de unos quince

9. Douglas R. Groothuis, «How the Bombarding Images of TV Culture Undermine the Power of Words», *Modern Reformation*, p. 10 (enero/febrero 2001), pp. 35-36.

kilómetros cuadrados, situada mil kilómetros al sur de Tokio, defendida por veintidós mil japoneses dispuestos a pelear hasta la muerte, cosa que hicieron. Protegían dos pistas aéreas que los Estados Unidos necesitaban en el esfuerzo estratégico para contener la agresión japonesa después de Pearl Harbor y poder así defender la libertad que los Estados Unidos tanto atesora. Era una causa importante, y el valiente sacrificio fue asombroso.

> Las estadísticas muestran el sacrificio que hizo el coronel Johnson del Segundo Batallón: 1400 muchachos [muchos todavía adolescentes] llegaron el Día D; 288 refuerzos llegaron mientras la batalla continuaba, un total de 1688. De estos, 1511 murieron o fueron heridos. Solamente 177 lograron salir caminando de la isla. Y de ellos, 91 habían sido heridos al menos una vez para luego volver a la lucha.
>
> Se requirieron 22 transportadores para traer a la quinta división a la isla. Los sobrevivientes solo requirieron 8 barcos. Los muchachos norteamericanos habían matado a unos 21.000 japoneses, pero sufrieron más de 26.000 bajas al hacerlo. Esta sería la única batalla en el Pacífico en que los invasores sufrieron más bajas que los defensores.
>
> Los marines pelearon en la Segunda Guerra Mundial durante 43 meses. Sin embargo, en un mes en Iwo Jima, tuvieron lugar un tercio de las bajas totales. Dejaron atrás los cementerios más grandes del Pacífico: cerca de 6800 tumbas en total, montículos con cruces y estrellas. Miles de familias no tendrían ni siquiera el consuelo de despedir un cuerpo, porque lo único que tenían era la

información de que el soldado había «muerto en cumplimiento del deber» y estaba enterrado en un lote, alineado en una fila junto a muchos otros con un número sobre su tumba. Mike, en el lote 3, fila 5, tumba 694; Harlon en el lote 4, fila 6, tumba 912; Franklin en el lote 8, fila 7, tumba 2189.

Cuando pienso en Mike, Harlon y Franklin, recuerdo el mensaje que alguien esculpió en una piedra en ese cementerio:

Cuando vayas a casa,
diles de nuestra parte
que para su mañana
dimos nuestro hoy.[10]

¡Oh Señor! ¡No permitas que desperdicie mi vida!

Me conmueve enormemente el coraje y el sacrificio de Iwo Jima. Al leer estas páginas de la historia, todo en mí clama: «¡Oh Señor! ¡No permitas que desperdicie mi vida!». Que cuando llegue al final, tarde o temprano, pueda decir a una familia, una iglesia, una ciudad, a los pueblos más alejados en los lugares remotos de la tierra: «Para tu mañana, di mi hoy. No solamente para tu mañana en la tierra, sino para los infinitos mañanas de tu creciente gozo en Dios». Cuanto más pienso en los soldados de esta historia de la Segunda Guerra Mundial, tanto más siento que mi vida debe contar para algo, que debo ser capaz de morir bien.

10. Bradley, *Flags of Our Fathers*, pp. 246-247. Este libro relata la historia de la batalla de Iwo Jima, entretejida con las vidas de seis banderilleros del famoso Memorial de Iwo Jima, relatada por el hijo de John Bradley, uno de los soldados del Memorial.

> A medida que la lluviosa mañana avanzaba y la lucha aminoraba en intensidad, los marines siguieron cayendo. A menudo morían los médicos que intentaban preservar las vidas. William Hoopes, de Chattanooga, estaba agachado junto a un enfermero llamado Kelly, que asomó la cabeza por encima del cerco protector para mirar con sus binoculares por un instante en busca de un francotirador que atacaba el área. En ese momento, el disparo del francotirador le dio en la garganta. William, que era ayudante de farmacia, luchó por salvar a su amigo. «Tomé mis fórceps y busqué en su cuello para detener la hemorragia de su arteria —recuerda Hoopes—. Su sangre brotaba a borbotones. No podía hablar, pero me miraba. Sabía que intentaba salvar su vida. Hice todo lo posible. No pude salvarlo. Lo intenté. La sangre era resbaladiza. No podía llegar a la arteria. Lo intenté con mucho esfuerzo. Y todo el tiempo él me miraba. Directo a los ojos. Lo último que hizo mientras la sangre comenzaba a dejar de brotar fue palmearme el brazo y decir: "Está bien". Luego murió».[11]

En ese impresionante momento, quiero ser Hoopes y quiero ser Kelly. Quiero decirles a las personas que perecen y sufren en el mundo: «Lo intenté con todas mis fuerzas… de veras lo intenté». Y quiero decirles a los que me rodeen cuando muera: «Está bien. El vivir es Cristo, y el morir es ganancia».

11. Ibíd., p. 188.

Cuando se aclara la niebla

En estos momentos, cuando la niebla de la vida se aclara, y veo para qué estoy en la tierra, no puedo dejar de lamentar las tontas y locas carreras que hacen que se desperdicien tantas vidas y también parte de la mía. Piensa en la magnitud de los deportes: una sección entera en las páginas web de noticias. Pero no hay una sección sobre Dios. Piensa en la cantidad de recursos que se gastan en mejorar la comodidad y la belleza del hogar o del jardín. Piensa en la cantidad de dinero que se puede gastar para comprar un automóvil que es más de lo que necesitamos. Piensa en el tiempo, la energía, la cantidad de conversación que se va en entretenimiento y ocio, en lo que llamamos «diversión». Y a todo esto agrega ahora la computadora, que artificialmente recrea los juegos que ya de por sí están muy lejos de la realidad; es como un mundo de ensueño de varias capas de insignificancia, que se expande hacia la nada.

Consumidos por la ropa

Piensa en la ropa. ¡Qué tragedia es ver tantos jóvenes obsesionados por la ropa que vestirán o por su aspecto! Hasta la juventud cristiana parece incapaz de preguntar algo más que: «¿Qué hay de malo en eso?». Podríamos decirles: ¿La ropa hará que magnifique a Cristo? ¿Demostrará la ropa que Cristo es el tesoro manifiesto de mi vida? ¿Verán mi personalidad, creada a imagen de Dios para servir? ¿O verán mi sexualidad o mi vagancia? Créeme, no me interesa la ropa. Hay algunas razones radicales, que exaltan a Cristo, que nos indican que la ropa no es importante. Pero yo te pido que seas más como un delfín y menos como una anémona en el mar de la moda y de la contramoda, también peligrosamente tirana.

Ve más allá de una adolescente que escribió en respuesta a una carta al editor del *Star Tribune* de Minneapolis:

> Para los adolescentes, por desgracia, la ropa es cada vez más importante. Honestamente, encuentro que algunas de las prendas que uso son ofensivas. La carta hablaba de muchachas que podrían vestirse a la moda, pero con criterio. Muéstreme cómo hacerlo y lo haré.
>
> La mayoría de mis amigas ni siquiera se siente cómoda con la ropa que está de moda, pero la usamos de todos modos. Destacarse no siempre vale la pena. La sociedad nos dice que seamos diferentes, pero que nos mantengamos dentro de la tendencia.
>
> ¿Cómo se viste una para al mismo tiempo sentirse cómoda, agradar a los padres y a los demás compañeros? Es imposible. Los adolescentes terminamos derrotando nuestros valores para poder encajar. Si buscamos sobrevivir en la secundaria, o aun en los últimos años de la primaria, sin ser atormentados, debemos agradar a nuestros compañeros de clase.
>
> Somos los líderes incipientes de esta nación y debemos ver en qué nos estamos convirtiendo, para poder cambiar.[12]

¿Dónde están los jóvenes radicales para Cristo?

Cuando me ubico mentalmente en las costas de Iwo Jima y repaso la acción de esas horas de coraje y sacrificio, y

12. Megan Heggemeir, «For Teenagers, Fashion Is Key to Fitting in», *Star Tribune* de Minneapolis (16 de noviembre de 2002), A23.

cuando recuerdo lo jóvenes que eran estos muchachos, no puedo conciliar eso con las preocupaciones menores de la mayoría de los jóvenes estadounidenses. Uno de estos muchachos era muy joven. Leí su historia y quise hablarle a cada uno de los grupos de jóvenes de este país para decirles: ¿Quieren saber lo que es ser «popular»? ¿Quieren ver algo mil veces más impresionante que un triple doble? Bueno, oigan esto acerca de Jacklyn Lucas.

> Había logrado convencer a todos para ingresar a los marines a los catorce años, engañando a todos con su físico musculoso… Lo designaron como conductor de camiones en Hawái, y se sintió frustrado porque quería luchar. Se introdujo como polizonte en un transportador que salía de Honolulu y sobrevivió comiendo bocados que le hacían llegar algunos compañeros que se compadecieron de él.
>
> Llegó a Iwo Jima el Día D, sin rifle. Tomó uno que encontró en la playa y peleó mientras se adentraba en la isla. Al día siguiente, Jack y tres de sus camaradas se arrastraban por una trinchera cuando ocho japoneses aparecieron súbitamente delante de ellos. Jack le disparó a uno en la cabeza. Luego su rifle se atascó. Mientras intentaba disparar, una granada cayó junto a sus pies. Gritó una advertencia a los demás y empujó la granada para enterrarla entre las cenizas. Inmediatamente otra granada cayó. Jack Lucas, de diecisiete años, se echó sobre ambas. *Luke, vas a morir…*, recuerda haber pensado.
>
> A bordo del barco hospital Samaritan, los doctores apenas podían creerlo: «Quizá era demasiado joven y rudo como para morir», dijo uno. Soportó

> veintiuna operaciones reconstructivas, y llegó a ser el soldado más joven galardonado con la Medalla al Honor, y el único estudiante secundario de primer año que la recibió.[13]

Al leer esto, pensé en lo que los adolescentes de hoy llaman ser «popular». Estaba sentado en el porche de mi casa leyendo y pensé: *Oh Dios, ¿quién podrá pararse ante ellos y darles algo por lo que vivir? Desperdician sus días en un trance de insignificancia, intentando sobresalir, hablar y caminar de forma genial. No tienen idea de lo que significa ser populares.*

Aquí va otra historia para definir lo que verdaderamente es ser «popular». Se trata de Ray Dollins, un piloto de Iwo Jima.

> La primera ola de Amtracs se acercaba a la costa. Los aviones de la Marina estaban terminando sus vuelos rasantes. Y cuando el último piloto iniciaba el ascenso con su Corsair, los japoneses comenzaron a disparar. El piloto, el mayor Ray Dollins, intentó ganar altura mientras buscaba alejarse por encima del océano para evitar un choque fatal contra los marines que se acercaban a la playa. Pero su avión estaba muy averiado. El teniente Keith Wells lo observaba desde el Amtrac... «Podíamos verlo en la cabina del avión, y estaba intentándolo todo. Iba a caer directamente sobre un grupo de Amtracs llenos de marines. En el último segundo, logró virar el avión y lo apuntó

13. Bradley, *Flags of Our Fathers*, pp. 174-175.

hacia el agua, entre dos olas. Vimos la explosión cuando cayó al agua».

El personal militar que escuchaba la radio desde los barcos no pudo ver cómo caía Dollins. Solamente oyeron sus últimas palabras a través del micrófono. Eran todo un reto:

Oh, ¡qué hermosa mañana!
Oh, ¡qué hermoso día!
Tengo el terrible sentimiento
de que todo está viniendo hacia mí.[14]

Por supuesto, no utilizaríamos la palabra «popular» para definir la verdadera grandeza. La palabra queda pequeña. Ese es el punto. Es una palabra de poco valor. Y sin embargo, millones de jóvenes viven para ella. ¿Quién les mostrará la urgencia y las lágrimas? ¿Quién les ruega que no desperdicien sus vidas? ¿Quién los toma de la solapa, por decirlo de algún modo, y los ama lo suficiente como para mostrarles una vida tan real, preciada y saturada de Cristo como para que sientan la vanidad y trivialidad de las redes sociales y sus tontas conversaciones sobre la celebridad del momento? ¿Quién despertará lo que está latente en sus almas, dormido, el anhelo de no desperdiciar sus vidas?

El ruego de mi corazón

¡Ah, si los jóvenes y los viejos apagaran el televisor, salieran a caminar y soñaran con actos de coraje por una causa diez mil veces más importante que la democracia estadou-

14. Ibíd., pp. 161-162.

nidense tan preciada por nosotros! Si soñáramos y pudiéramos orar, ¿no nos respondería Dios? ¿Nos escatimaría una vida de amor gozoso, misericordia y sacrificio que magnifique a Cristo y haga que las personas se gocen en Dios? Ruego junto contigo, y oro por mí mismo, para que nos unamos a Jesús en el camino del Calvario: «Salgamos, pues, a él, fuera del campamento, llevando su vituperio; porque no tenemos aquí ciudad permanente, sino que buscamos la por venir» (Hebreos 13:13-14). Cuando vean nuestro amor sacrificado, radiante de gozo, podrán decir: «Cristo es grande».

8

Nuestra jornada de ocho a cinco es para la gloria de Dios

Sería un error inferir que el llamado a una vida de lucha del capítulo anterior implica que los cristianos debemos renunciar a nuestros empleos y salir a la «guerra», es decir, ser todos misioneros, pastores u obreros de tiempo completo. Eso sería malinterpretar en esencia dónde se pelea la guerra. Por supuesto, las batallas se dan espiritualmente (sin bombas ni bayonetas) entre las personas aún no alcanzadas de los lugares remotos del mundo, a donde el Rey de reyes envía sus sacrificadas «tropas» con el evangelio de la paz para reunir un pueblo feliz para sí. Este es el glorioso trabajo de las misiones fronterizas. Más adelante trataré el tema de esta magnífica vocación, y oro para que miles de los que leen este libro oigan el llamado y vayan a luchar en el frente.

La guerra no es geográfica

No te confundas. La «guerra» a la que me refiero cuando hablo de «un estilo de vida de lucha» no se pelea en líneas de batalla geográficas. Se pelea en primer lugar a lo largo de la línea que separa el bien del mal en todo corazón humano, especialmente en los corazones de los cristianos, donde Cristo ha reclamado su lugar y donde Él triunfará por completo. La «guerra» se pelea en la línea entre el pecado y la rectitud en cada familia. En la línea que separa la verdad de la falsedad en cada escuela... la que separa la injusticia de la justicia en cada legislatura... la que separa la integridad de la corrupción en cada oficina... el amor del odio, en cada grupo étnico... el orgullo de la humildad, en cada deporte... la hermosura de la fealdad, en el arte... la doctrina correcta de la incorrecta, en cada iglesia... la haraganería de la diligencia, en los momentos de trabajo. No es un desperdicio pelear la batalla de la verdad, la fe y el amor en ninguno de estos frentes.

La guerra no es primordialmente espacial o física, aunque sus éxitos y fracasos sí tengan efectos físicos. Por eso la vocación secular de los cristianos es una zona de guerra. Hay adversarios espirituales a los que hay que derrotar (espíritus del mal, pecados; no personas) y hay un hermoso lugar honorable en lo alto que debemos ganar para la gloria de Dios. Tú no desperdicias tu vida por *dónde* trabajes, sino por *cómo* y *por qué* lo haces.

Lo secular no es malo, sino estratégico

Por favor, en la frase «vocación secular» no oigas comparación de inferioridad o poca espiritualidad con respecto a «vocación de iglesia», «vocación de misión» o «vocación espiritual». Tan solo me refiero a las vocaciones que no están estructuralmente conectadas con la iglesia. Es algo así como *estar en* el mundo, pero no *ser del* mundo, según nos lo enseñó Jesús cuando oró en Juan 17:15-16: «No ruego que los quites del mundo, sino que los guardes del mal. No son del mundo, como tampoco yo soy del mundo». Así que la intención de Jesús es que sus discípulos permanezcan en el mundo (a lo que me refiero con «empleos seculares»), pero que no «sean del mundo» (por lo cual digo que estamos en guerra).

Martín Lutero retomó la enseñanza bíblica del sacerdocio de cada cristiano, pues borró la línea espiritual entre el clérigo y el laico. Estuvo de acuerdo en que hay una vocación eclesiástica y una vocación secular. Pero su modo de distinguirlas no se basaba en una «jerarquía espiritual» superior:

> Es pura invención que el papa, los obispos, los sacerdotes y los monjes sean llamados la «jerarquía especial» y que los príncipes, señores, artesanos y granjeros sean la «jerarquía temporal». Todo eso es mentira, hipocresía... todos los cristianos pertenecen en verdad a la «jerarquía espiritual», y entre ellos no hay diferencia alguna, además del puesto o título. Para que lo veamos aun más claramente: si un pequeño grupo de laicos cristianos fuera tomado cautivo y dejado en el desierto, y entre ellos no hubiera un sacerdote consagrado por una iglesia, seguramente elegirían a uno de ellos, sea casado o soltero, y le otorgarían la posición de ser quien bautice, diga la misa, absuelva y predique. Este hombre sería tan sacerdote como si lo hubieran consagrado. No hay diferencia entre los laicos y los sacerdotes, entre los príncipes y los obispos, los «espirituales» y los «temporales», según se los llama, con la excepción de su tarea y puesto. Un zapatero, un herrero, un granjero... cada uno realiza una tarea según su ocupación, y sin embargo, todos son como sacerdotes u obispos consagrados, y todos, por medio de su oficio o trabajo, deberán beneficiar y servir a

> los demás para que, de este modo, muchos tipos de tareas puedan hacerse para el bienestar espiritual y físico de la comunidad, así como todos los miembros del cuerpo se sirven unos a otros.[1]

La Biblia dice claramente que la voluntad de Dios para su pueblo es que sea esparcido como la sal y la luz en todo el espectro de las vocaciones seculares. Comunidades de cristianos que trabajaran solamente con cristianos y vivieran entre ellos no lograrían el propósito de Dios para el mundo. Esto no quiere decir que esté mal tener órdenes cristianas o ministerios y misiones. Significa que son excepcionales. La gran mayoría de los cristianos vive en el mundo y trabaja entre los no creyentes. Esta es su «ocupación», su «posición» y «vocación», como diría Lutero. Veremos por qué esta es la voluntad de Dios.

La sociedad entre un buey y las personas

No todos debieran ser misioneros o pastores. Debe haber una sociedad entre los que van y aquellos que los envían. Respecto a los pastores de la iglesia, Pablo nos dice: «… No pondrás bozal al buey que trilla…» (1 Timoteo 5:18), lo cual significa que hay que pagarle al pastor. Pero esto implica que hay personas que deben ganar el grano que debe comer el pobre buey. También es este el patrón para los misioneros del Nuevo Testamento: «A Zenas intér-

1. Martín Lutero «An Open Letter to the Christian Nobility», en *Three Treatises* (Philadelphia: Fortress, 1960), pp. 14-17. Véase Gene Edward Veith h., *God at work: Your Christian Vocation in All of Life* (Wheaton, IL: Crossway, 2002), exposición para laicos de la doctrina de Lutero sobre la vocación. Véanse también Os Guinness, *The Call: Finding and Fulfilling the Central Purpose of Your Life* (Nashville: Word, 1998) y Paul Helm, *Callings: The Gospel in the World* (Edimburgo: Banner of Truth Trust, 1998).

prete de la ley, y a Apolos, encamínales con solicitud, de modo que nada les falte» (Tito 3:13). En otras palabras, no todo el mundo debía ir a ministrar con Pablo; algunos deben quedarse, trabajar y proveer para los que sí van a ministrar. Del mismo modo, Pablo planificó que la iglesia romana fuera su base de aprovisionamiento mientras él iba a España: «Tengo planes de visitarlos cuando vaya rumbo a España. Espero que, después de que haya disfrutado de la compañía de ustedes por algún tiempo, me ayuden a continuar el viaje» (Romanos 15:24, NVI).

El apóstol daba por sentado que ellos tendrían buenos empleos, que les permitieran dar. Por eso les dijo a los creyentes de Tesalónica: «...[procuren] trabajar con sus propias manos. Así les he mandado, para que por su modo de vivir se ganen el respeto de los que no son creyentes, y no tengan que depender de nadie» (1 Tesalonicenses 4:11-12, NVI). En realidad, Pablo se sentía tan molesto con los haraganes de Tesalónica que escribió en una segunda carta:

> *Nosotros no vivimos como ociosos entre ustedes, ni comimos el pan de nadie sin pagarlo. Al contrario, día y noche trabajamos arduamente y sin descanso para no ser una carga a ninguno de ustedes... «El que no quiera trabajar, que tampoco coma.» Nos hemos enterado de que entre ustedes hay algunos que andan de vagos, sin trabajar en nada, y que solo se ocupan de lo que no les importa* (2 Tesalonicenses 3:7-11, NVI).

De igual forma, les dijo a los efesios: «El que hurtaba, no hurte más, sino trabaje, haciendo con sus manos lo que es bueno, para que tenga qué compartir con el que padece necesidad» (Efesios 4:28).

Permanece en tu empleo «con Dios»

El llamado a ser cristiano no fue un llamado a dejar tu vocación secular. Este es el punto de 1 Corintios 7:17-24. Pablo resume sus enseñanzas allí con las siguientes palabras: «Cada uno, hermanos, en el estado en que fue llamado, así permanezca para con Dios» (v. 24). Pablo tenía en alta estima la providencia divina, el hecho de que Él soberanamente «asigne» o «llame» a los no creyentes a posiciones en la vida donde su conversión tenga un impacto importante para su gloria. «Pero cada uno como el Señor le *repartió*, y como Dios *llamó* a cada uno, así haga; esto ordeno en todas las iglesias» (v. 17). Por lo tanto, Pablo tampoco quiere decir que cambiar de empleo esté mal para la vida cristiana, porque de otro modo nadie jamás sería pastor o misionero vocacional, con la excepción de los muy jóvenes (a diferencia de Jesús, que dejó la carpintería por el ministerio de tiempo completo a los treinta años, Lucas 3:23). Lo que quiere decir Pablo es que cuando nos convertimos no debiéramos concluir: *Debo cambiar de empleo*. En lugar de esto, debemos pensar: *Dios me puso aquí, y ahora debo mostrar su gloria en este empleo*. Como dice el versículo 24: «...así permanezca para *con Dios*».

Por eso la pregunta que los cristianos deben hacerse es: «¿Cómo puede mi vida contribuir a la gloria de Dios en mi vocación secular?». Supongo, de todo lo dicho en este libro hasta ahora, que el objetivo de la vida es el mismo ya sea en una vocación secular, en la iglesia o en una misión. Nuestro objetivo es el de magnificar a Cristo con gozo, hacer que se vea grande en todo lo que hagamos. Gloriarnos solamente en la cruz, con el objetivo de disfrutar de exaltarlo a Él mientras trabajamos. Pero ¿cómo hacerlo? La Biblia nos da al menos seis respuestas.

1. Exaltamos a Dios en nuestro empleo secular mediante la comunión que disfrutamos con Él a lo largo del día en todo lo que hacemos.

En otras palabras, disfrutamos que Dios esté allí mientras oímos su voz, le hablamos, le entregamos todos nuestros problemas y sentimos su cuidado y guía. El versículo que nos indica esto es 1 Corintios 7:24. Si eres cristiano, permanece en tu trabajo y disfruta de la presencia de Dios. «Cada uno, hermanos, en el estado en que fue llamado, así permanezca para *con Dios*». Estas últimas dos palabras son importantes. Los cristianos no van solamente a su lugar de trabajo. Van a su lugar de trabajo «con Dios». No solo hacen su tarea. Hacen su tarea «con Dios». Dios está con ellos.

Una promesa más personal

Esto no es lo mismo que las promesas generales hechas a la Iglesia como cuerpo. Dios le promete a la Iglesia en su conjunto: «...Habitaré y andaré entre ellos, y seré su Dios, y ellos serán mi pueblo» (2 Corintios 6:16). La promesa para nosotros en nuestro empleo secular es diferente. Cuando los santos trabajan en su empleo secular, se encuentran dispersos en varios lugares. No están juntos en una iglesia. Así que «permanecer allí para *con Dios*» es una promesa de que Él nos acompañará personal e individualmente en nuestro trabajo.

Vivir dando gracias a Dios por todas las cosas

Una de las maneras en que disfrutamos de la compañía y presencia de Dios es sabiendo, en gratitud absoluta, que nuestra capacidad para trabajar (y esto incluye la tarea que nos ocupa de momento) se debe a la gracia de Dios. «...pues él es quien da a todos vida y aliento y todas las cosas» (Hechos 17:25). Todas nuestras facultades para ver, oír y tocar, toda capacidad motora en nuestras manos y piernas, todos nuestros actos mentales de observar, organizar y evaluar, y todo lo que somos capaces de hacer y que nos permite desarrollar nuestra actividad en nuestro empleo, son dones de Dios. Saber esto puede llenarnos con un sentimiento tal de continua gratitud que oremos siempre a Dios: «Te alabaré, oh Jehová Dios mío, con todo mi corazón, y glorificaré tu nombre para siempre» (Salmos 86:12). A veces la hermosura de Dios se nos aparece mientras trabajamos, y susurramos en alabanza: «Bendice, alma mía, a Jehová. Jehová Dios mío, mucho te has engrandecido...» (Salmos 104:1).

Cuando a esto le agregamos la conciencia de que dependemos de Dios cada minuto *futuro* de nuestras vidas y para toda la ayuda que necesitamos, nuestra gratitud se convierte en fe para cada momento por venir y para el resto del día, la semana, el mes, el año y la década. Esto es fe en la gracia futura. Y puede expresarse en oración a Dios con palabras bíblicas como: «Mas yo en ti confío, oh Jehová; digo: Tú eres mi Dios» (Salmos 31:14). O podemos decir: «Tu firme amor jamás cesa; tu misericordia jamás acaba; se renueva cada mañana ¡y cada tarde!; ¡grande es tu fidelidad!» (véase Lamentaciones 3:22-23).

Llevemos las promesas con nosotros al trabajo

La base de esta gratitud, alabanza y confianza son las promesas de Dios que podemos llevar con nosotros al trabajo todos los días escritas en nuestra Biblia o memorizadas. Este es el modo en que Dios nos habla a lo largo del día. Nos alienta: «No temas, porque yo estoy contigo; no desmayes, porque yo soy tu Dios que te esfuerzo; siempre te ayudaré, siempre te sustentaré con la diestra de mi justicia» (Isaías 41:10). Nos recuerda que los retos de la carne no son demasiado para Él: «He aquí que yo soy Jehová, Dios de toda carne; ¿habrá algo que sea difícil para mí?» (Jeremías 32:27). Nos dice que no nos angustiemos, sino que le pidamos lo que necesitemos (Filipenses 4:6), y señala: «Entréguenme su ansiedad, porque yo cuido de ustedes» (véase 1 Pedro 5:7). Y nos promete su guía a lo largo del día: «Te haré entender, y te enseñaré el camino en que debes andar; sobre ti fijaré mis ojos» (Salmos 32:8).

De este modo, en comunión con Dios, lo oímos a través de su Palabra, le agradecemos, lo alabamos y dependemos de Él para todo lo que necesitamos. Permanecer «con Dios» en nuestro puesto de trabajo, haciendo esto, es honrar a Dios. Esto no es desperdiciar la vida. Dios se deleita en que lo disfrutemos y en que confiemos en Él. Esto demuestra su valor. Y cuando nos recordamos a nosotros mismos que ninguna de estas bendiciones inmerecidas podrían ser nuestras sin la muerte de Cristo por nosotros, cada latido de gozo en Dios se convierte en gloria en la cruz.

2. Exaltamos a Cristo en nuestro trabajo secular con el don divino de nuestra creatividad y productividad, que nos llena de gozo y confianza en Él.

Es útil preguntarse de qué modo somos diferentes los seres humanos de los castores, los colibríes, las arañas y las hormigas. Nos ayuda a llegar a la esencia de cómo honramos a Dios con nuestro trabajo. Estas criaturas son muy laboriosas y hacen cosas intrincadas y sorprendentes. Así que debe de haber mucho más en nuestra tarea de honrar a Dios que solamente creatividad y productividad, a menos que estemos dispuestos a decir que glorificamos a Dios con nuestro trabajo de manera idéntica a la de los animales.

Diputados de Dios que dominan la tierra para la gloria del Padre

¿Cuál es la diferencia entonces? Pensemos en las primeras palabras de la Biblia referidas a la creación del hombre: «Y Dios creó al ser humano a su imagen; lo creó a imagen de Dios. Hombre y mujer los creó, y los bendijo con estas palabras: "Sean fructíferos y multiplíquense; llenen la tierra y *sométanla*; *dominen* a los peces del mar y a las aves del cielo, y a todos los reptiles que se arrastran por el suelo"» (Génesis 1:27-28, NVI). Al ser creados a imagen de Dios, vemos nuestro privilegio y nuestro deber de *someter* y *dominar* la tierra. Es decir, que debiéramos comprender, dar forma, diseñar y utilizar la creación de Dios de manera que haga ver su valor, que despierte adoración por Él.

Que hayamos sido creados a imagen de Dios significa al menos que debiéramos mostrar a Dios. Debiéramos reflejarlo. Y esto no para que nos veamos grandiosos nosotros (como imágenes), sino Él (como Creador). Las personas hacen imágenes de los famosos para honrarlos. Dios hizo al hombre a su imagen para que se lo vea, disfrute y honre por medio de las acciones del hombre.

Luego dijo, ante todo, que lo que un hombre hace es trabajar. Somete y domina la tierra. Esto implica que parte de lo que significa ser humano es ejercer el señorío sobre la creación, darle forma, orden y diseño al mundo como para que refleje la verdad y la belleza de Dios. Para decirlo de algún modo, Dios hace que el hombre sea su diputado y le otorga facultades, derechos y capacidades para sojuzgar al mundo, para que lo utilice y moldee con buenos propósitos, especialmente con el propósito de magnificar al Creador.

El trabajo no es una maldición; la futilidad sí lo es

Así que, si retrocedemos hasta el momento anterior al origen del pecado, no vemos connotaciones negativas referidas al trabajo secular. Según Génesis 2:2, Dios mismo descansó *de su trabajo* de creación, lo cual implica que el trabajo es algo bueno, de Dios. Y la obra cúspide de ese divino trabajo es el hombre, la criatura que Dios creó a su imagen con el propósito de que continúe la obra de gobernar, dar forma y señorear sobre la creación. Por eso la *creatividad* está en el corazón de todo trabajo. Si eres Dios, el trabajo consiste en crear de la nada. Si no eres Dios, pero amas a Dios (es decir, si eres humano), la tarea consiste en tomar lo que Dios ha hecho para darle forma y utilizarlo de manera que se le vea magnificente, glorioso.

No somos castores

Aquí es donde entran en escena los castores. El castor se enseñorea de su entorno y construye un dique para un buen propósito: su vivienda. Parece disfrutar de su trabajo, y hasta la diligencia y habilidad del castor reflejan la gloria de la sabiduría de Dios.

Todas las cosas brillantes y hermosas,
todas las criaturas grandes y pequeñas,
todas las cosas sabias y hermosas
el Señor Dios las hizo todas.[2]

Y Dios es glorificado en todas ellas. «Los ríos batan las manos, los montes todos hagan regocijo… Los cielos cuentan la gloria de Dios, y el firmamento anuncia la obra de sus manos» (Salmos 98:8; 19:1). ¿Cuál es entonces la diferencia entre el trabajo de un ser humano y el de un castor? ¿O el de la abeja, el colibrí o la hormiga? Todos trabajan duro; todos dominan su entorno y construyen sorprendentes estructuras que sirven a buenos propósitos. La diferencia es que el ser humano es moralmente consciente y elige su trabajo basándose en razones que pueden o no honrar a Dios.

No hay castor, abeja, colibrí u hormiga que conscientemente dependa de Dios y confíe en Él. No hay castor que piense en el divino diseño del orden y la belleza, y haga una elección moral para buscar la excelencia porque Dios es excelente. Ni que piense en la preciosidad y el propósito de Dios, ni decida hacer un dique para otro castor y no para sí mismo. Pero los seres humanos tenemos este potencial porque fuimos creados a imagen de Dios. Fuimos creados para reflejarlo. Cuando Dios nos encomienda dominar la tierra (para darle forma y

2. Cecil F. Alexander, «All Things Bright and Beautiful» (1848).

utilizarla), no dice que lo hagamos como lo hacen los castores. Dice que lo hagamos como seres humanos, como personas conscientes, responsables de la intención de su obra para la gloria de su Creador.

Cuando Dios nos encomienda trabajar como reflejos de su imagen, nuestras zanjas deben ser derechas, nuestras cañerías no deben gotear, las esquinas de nuestros armarios deben estar limpias, nuestras incisiones quirúrgicas deben ser prolijas, nuestra redacción, atractiva y exacta, nuestras comidas, nutritivas y apetitosas, porque Dios es un Dios de orden, belleza y competencia. Sin embargo, los gatos son limpios, las hormigas, laboriosas, y las arañas producen obras hermosas y disciplinadas. Todas estas criaturas dependen de Dios. Por eso, la esencia de nuestro trabajo debe ser la consciente dependencia del Señor, saber que confiamos en su poder, que buscamos su excelencia y que deliberadamente elegimos reflejar su gloria.

Hacer bien el trabajo y dormir bien

Cuando trabajamos de este modo, no importa cuál sea nuestra vocación, sentimos una dulce sensación de paz al terminar el día. No lo hemos desperdiciado. Dios no nos creó para que estemos ociosos. Por eso, quienes abandonan la productividad creativa pierden el gozo del trabajo creativo que confía en el poder de Dios, cuyo propósito es su gloria y cuyo objetivo es reflejarlo a Él. «Dulce es el sueño del trabajador, coma mucho, coma poco; pero al rico no le deja dormir la abundancia» (Eclesiastés 5:12). Jonathan Edwards estableció que quien se llama justo y es negligente con respecto a sus tareas es hipócrita.

Describió a su propia esposa («la persona») para explicar lo contrario.

> «¡Ah, qué bueno —dijo un día la persona— es trabajar para Dios durante el día y por las noches dormir bajo su sonrisa!». Las experiencias y los afectos religiosos de esta persona no han sido atendidos con una disposición a ser negligente ante las tareas necesarias de su ocupación secular, para pasar tiempo leyendo y orando, y para realizar toda otra acción devocional; por el contrario, el trabajo secular se ha cumplido con toda celeridad como parte del servicio a Dios, y la persona que trabaja de este modo dice: «Es tan bueno como la oración».[3]

La piedad personal alimenta el trabajo de la vocación secular en lugar de afectarlo negativamente. La ociosidad no germina en un suelo que está compuesto por la comunión con Dios. Por eso, los que pasan su vida en ociosidad, o disfrutando frívolamente del tiempo libre, suelen no ser tan felices como los que trabajan. Las personas jubiladas o retiradas realmente felices son las que han buscado formas útiles, creativas y que honren a Dios para mantenerse activas y productivas, por el bien de la humanidad y para la gloria del Señor.

Para estar seguros, debiéramos ayudarnos unos a otros a encontrar y mantener un trabajo. Debiéramos ocuparnos del problema del desempleo. Este no es en primer lugar un problema económico, aunque sí está incluido

3. Jonathan Edwards, «Thoughts Concerning the Revival», en *The Great Awakening*, ed. C. C. Goen, vol. 4, en *The Works of Jonathan Edwards* (New Haven, CT: Yale University Press, 1972), p. 340.

en ese ámbito. En primera instancia, es un problema teológico. Los seres humanos han sido creados a imagen de Dios y están dotados de características de su Creador que los hacen ser creativos, útiles, gozosos en el desarrollo de su tarea. Por eso, la ociosidad (cuando se tiene la capacidad de trabajar) causa opresión, culpa y futilidad.

Así que el segundo modo en que podemos exaltar a Dios en nuestra tarea secular es por medio de la creatividad y la laboriosidad. Dios nos creó para que trabajemos de forma tal que conscientemente confiemos en su poder y moldeemos el mundo según su excelencia, para que seamos satisfechos en Él, y Él sea glorificado en nosotros. Y cuando recordamos que es esta creatividad y este gozo que exalta a Dios lo que posibilita que los pecadores obtengamos una inmerecida bendición a causa de la muerte de Cristo, cada hora de trabajo se convierte en un tiempo para gloriarnos en la cruz.

3. Exaltamos a Cristo en nuestro trabajo secular cuando este confirma y realza el retrato de la gloria de Jesús, que las personas oyen en el mensaje del evangelio.

No hay por qué exagerar el valor del trabajo secular. Este no es el evangelio. Por sí mismo, no salva a nadie. En realidad, si no se habla de Jesucristo, nuestro trabajo secular no despertará en otros la belleza por la gloria de Cristo. Por eso el Nuevo Testamento llama modestamente a nuestro trabajo un adorno del evangelio. Al hablar a los esclavos, Pablo «...exhorta a los siervos a que se sujeten a sus amos, que agraden en todo, que no sean respondones; no defraudando, sino mostrándose fieles en todo, para que en todo *adornen la doctrina de Dios nuestro*

Salvador» (Tito 2:9-10). El punto aquí no es la apología de la esclavitud, que Pablo criticó abiertamente al llamar a Onésimo, el esclavo converso, «no ya... esclavo, sino... un hermano amado...» (Filemón 16), sino por el contrario, es mostrar que el modo en que hacemos nuestro trabajo «adorna» la doctrina de Dios.

En otras palabras, nuestro trabajo no es la mujer hermosa, sino el collar que la adorna. La mujer hermosa sería el evangelio, «la doctrina de Dios nuestro Salvador». Uno de los significados cruciales de nuestro trabajo secular es que el modo en que lo hagamos aumentará o disminuirá el atractivo del evangelio que profesamos ante los no creyentes. Desde luego, todo esto bajo el supuesto mayor de que sepan que somos cristianos. El punto pierde validez si nuestro trabajo no tiene nada «que adornar». Pensar que nuestro trabajo glorificará a Dios cuando las personas no saben que somos cristianos es como admirar una buena y efectiva propaganda en la televisión sin saber qué producto es el que anuncia. Las personas se sentirán impresionadas, pero no sabrán qué comprar.

Quitemos los obstáculos a la fe

Hay otro lugar en el que Pablo expresa el modesto papel de nuestro trabajo en relación con el evangelio. En 1 Tesalonicenses 4:11-12 le dice a la iglesia: «...procurar vivir en paz con todos, a ocuparse de sus propias responsabilidades y a trabajar con sus propias manos. Así les he mandado, para que *por su modo de vivir se ganen el respeto de los que no son creyentes, y no tengan que depender de nadie*» (NVI). El punto aquí no es que nuestro trabajo vaya a salvar a alguien. El punto es que si vivimos y trabajamos bien, quitaremos obstáculos. Dicho de otro modo: el trabajo bueno y honesto no es el evangelio salvador de Dios; pero un vendedor de automóviles cristiano que engaña a las personas es una mancha para el evangelio y pone obstáculos en el camino que impiden ver la belleza de Cristo. Y la holgazanería puede llegar a ser un obstáculo mayor que el crimen. ¿Deberán los cristianos darse a conocer en la oficina como personas dispuestas a ayudar a otros con sus problemas, pero no con temas profesionales complejos? No debe ser una cosa o la otra. El mandato bíblico dice: «Hagan lo que hagan, trabajen de buena gana, como para el Señor y no como para nadie en este mundo» (Colosenses 3:23, NVI; cf. Efesios 6:7).

Por lo tanto, el tercer modo en que glorificaremos a Dios en nuestro trabajo secular será cuando establezcamos tan altos parámetros de excelencia, tal integridad y tal voluntad, que quitemos los obstáculos en el camino hacia el evangelio y llamemos la atención sobre la belleza de Cristo que todo lo satisface. Cuando adornamos el evangelio con nuestro trabajo, no desperdiciamos nuestras vidas. Y cuando recordamos que el adorno en sí mismo (nuestro trabajo que depende de Dios, lo glorifica y es guiado por Él) se compró con la sangre de Cristo, y que la belleza que adornamos, en realidad, es el evangelio de la muerte de Cristo, nuestro adorno se convierte en tiempo de gloriarnos en la cruz.

4. Exaltamos a Cristo en nuestro trabajo secular al ganar el suficiente dinero como para no depender de otros, mientras nos concentramos en la utilidad de nuestro trabajo, no en la recompensa financiera.

La intención de Dios desde el comienzo fue que el trabajo satisficiera nuestras necesidades. Dios trabajó en el principio (Génesis 2:2), y los humanos que Él creó a su imagen deben trabajar. Antes que el pecado entrara en el mundo, ese trabajo se hacía sin futilidad ni frustración. Se unía hermosamente a la abundante provisión de Dios para cubrir toda necesidad. Sometía la tierra a las necesidades materiales del hombre sin arruinarla (Génesis 1:28). Al principio, el hogar del hombre era un huerto con árboles y no un campo con tierra dura que arar y sembrar. «Y Jehová Dios hizo nacer de la tierra todo árbol delicioso a la vista, y bueno para comer...» (Génesis 2:9). Y no solo eso, sino que «...salía de Edén un río para regar el huerto...» (v. 10).

Trabajo feliz antes de la caída; luego sudor y labor dura

En este paraíso de abundancia, Dios dijo al principio que no «...había hombre para que labrase la tierra» (v. 5). Luego hizo al hombre a partir del polvo, y en su creación, Adán fue el hijo que trabajaba junto a su padre, que administraba la creación. La esencia del trabajo no era la subsistencia. Dios era el que proveía subsistencia. El hombre estaba libre, no *del* trabajo, sino *en* el trabajo, para ser creativo sin la ansiedad de tener que proveer alimento o vestido.

Lo que cambió cuando el pecado entró en el mundo no fue que el hombre tuviera que trabajar, sino que el trabajo fuera duro, producto de la futilidad y la frustración de la creación caída. El Señor le dijo a Adán:

> *...Por cuanto obedeciste a la voz de tu mujer, y comiste del árbol de que te mandé diciendo: No comerás de él; maldita será la tierra por tu causa;* con dolor comerás de ella todos los días de tu vida. Espinos y cardos te producirá, *y comerás plantas del campo.* Con el sudor de tu rostro comerás el pan *hasta que*

vuelvas a la tierra, porque de ella fuiste tomado; pues polvo eres, y al polvo volverás (Génesis 3:17-19).

Cuando el hombre y la mujer eligieron no depender de Dios rechazando su guía y provisión paternal, Él los sujetó justamente a aquello que habían elegido: depender de sí mismos. «Desde ahora —dice Dios— si comes, será porque trabajas y sudas». Así que fueron expulsados del huerto del trabajo feliz al suelo del trabajo duro. La maldición que hoy nos acosa no es que tengamos que trabajar, sino que en nuestro trabajo luchamos con el cansancio, la frustración, las calamidades y la ansiedad. Y todo esto pesa más porque ahora este trabajo es necesario para que podamos subsistir: «...con dolor comerás de ella todos los días de tu vida... Con el sudor de tu rostro comerás el pan...».

Cristo cargó la maldición sobre sí mismo, y ahora somos liberados

Pero ¿no es que Cristo vino para quitar esta maldición que pesaba sobre su pueblo? Sí. «Cristo nos redimió de la maldición de la ley, hecho por nosotros maldición...» (Gálatas 3:13). Sin embargo, la maldición no desaparece de una sola vez. Dios nos va salvando por etapas. Cristo aplicó un golpe mortal al mal cuando murió por el pecado y resucitó. Pero todavía no hemos doblegado a todos los enemigos. Por ejemplo, la muerte es parte de la maldición que aún experimentamos. Cristo conquistó a la muerte para su pueblo, pero por ahora solo parcialmente. ¡Morimos, pero el «aguijón» de la muerte, la desesperanza de la muerte, ya no está, porque nuestros pecados son perdonados en Cristo, y Él resucitó! (1 Corintios 15:54-55).

De manera similar, todavía debemos seguir trabajando duro para cubrir nuestras necesidades. Cristo dice: «No se preocupen por su vida, qué comerán o beberán; ni por su cuerpo, cómo se vestirán... el Padre celestial sabe que ustedes las necesitan. Más bien, busquen primeramente el reino de Dios y su justicia, y todas estas cosas les serán añadidas» (Mateo 6:25, 32-33, NVI). También dice: «Vengan a mí todos ustedes que están cansados y agobiados, y yo les daré descanso» (Mateo 11:28, NVI). Y señala: «...manténganse firmes e inconmovibles, progresando siempre en la obra del Señor, conscientes de que su trabajo en el Señor no es en vano» (1 Corintios 15:58, NVI). En otras palabras, Dios no quiere que sus hijos estén cargados con la frustración, la futilidad y el cansancio depresivo del trabajo. Esa parte de la maldición es quitada por Él aun en esta era.

El paraíso aún no está aquí

De la misma manera en que la muerte será una realidad hasta el fin de esta era, debemos trabajar en estos tiempos de la caída en contra de muchos obstáculos que hacen que nuestro trabajo sea más difícil. Todavía no podemos volver al paraíso a cosechar los frutos del huerto. Ese es el error que cometieron los tesalonicenses. Algunos dejaban sus empleos y no trabajaban porque pensaban que Cristo vendría muy pronto. El paraíso estaba cerca. Así que Pablo les escribió: "...El que no quiera trabajar, que tampoco coma. Nos hemos enterado de que entre ustedes hay algunos que andan de vagos, sin trabajar en nada, y que solo se ocupan de lo que no les importa. A tales personas les ordenamos y exhortamos en el Señor Jesucristo que tranquilamente se pongan a trabajar para ganarse la vida" (2 Tesalonicenses

3:10-12, NVI). Las personas capaces de trabajar que eligen vivir ociosas y comer del fruto del sudor de otros están en contra del designio de Dios. Si podemos trabajar, debemos ganar nuestro propio sustento.

¿Cómo pueden entonces glorificar los cristianos a Cristo al trabajar «para ganar su propio sustento»? Primero, al actuar conforme al designio de Dios para esta era. Es un acto de obediencia que honra la autoridad de Dios. Segundo, al quitar los obstáculos que impiden a los no creyentes ver a Cristo, porque considerarían la holgazana dependencia de los cristianos como prueba de que no vale la pena seguir a Dios: «...procurar... trabajar con sus propias manos... para que por su modo de vivir se ganen el respeto de los que no son creyentes, y no tengan que depender de nadie» (1 Tesalonicenses 4:11-12 NVI). Honramos a Dios al ganar nuestro sustento porque esto hace que los no creyentes vean a Cristo como quien realmente es. Los cristianos improductivos, sin objetivos, contradicen al Dios misericordioso, poderoso, creativo y con propósito a quien amamos. Desperdician sus vidas.

No trabajen por el alimento que perece

Tercero, glorificamos a Dios al ganar nuestro sustento cuando no nos enfocamos en el beneficio financiero, sino en el beneficio que nuestro producto o servicio lleva a la sociedad. Es una paradoja. Digo que sí debemos ganar suficiente dinero como para cubrir nuestras necesidades, pero no debemos hacer que ese sea el objetivo principal de nuestro trabajo. Una de las cosas más impactantes que dijo Jesús es: «*Trabajen, pero no por la comida que es perecedera*, sino por la que permanece para vida eterna, la cual les dará el Hijo del hombre...» (Juan 6:27, NVI). ¡No trabajar por la comida que perece! «La comida que es perecedera» se refiere simplemente a todo alimento y provisión común. ¡Esto es muy impactante! Pareciera decir exactamente lo opuesto a lo que dije antes. ¿Qué es lo que significa?

Sabemos, por todo lo visto hasta ahora, que Jesús no nos dice que está mal trabajar para ganar nuestro sustento y comer nuestro pan. Es evidente entonces que esto significa que cuando trabajamos por el alimento que perece, debe haber un importante sentido de que no trabajamos solo por ese alimento, sino por algo más. Es decir, no debemos enfocarnos solamente en las cosas materiales. No debemos trabajar solo con la vista puesta en las cosas perecederas que podemos comprar con lo que ganamos. Es necesario trabajar con la mirada puesta en algo más que el dinero, observando la utilidad y el beneficio que podemos brindar a otros con lo que hacemos.

Cristo ha quitado la maldición del trabajo. La ha reemplazado por un deseo de trabajar confiados en la promesa de Dios con relación a que Él cubrirá nuestras necesidades (véase Filipenses 4:19) y despertará en nosotros una pasión diferente por nuestro trabajo. Trabajamos con gozo, respondiendo al llamado de Jesús: buscar primero el reino de Dios y su justicia, y luego el alimento perecedero vendrá como agregado. Así que no trabajemos por la comida que perece. Trabajemos para amar a las personas y honrar a Dios. Pensemos de qué manera puede bendecir a otros nuestro trabajo. Dejemos de pensar en las ganancias y pensemos en lo beneficioso que puede ser nuestro producto o servicio.

Ocupémonos de nuestros negocios, pero mantengámonos libres de ellos

¿Cómo haremos para levantarnos por la mañana e ir a trabajar *no* por el alimento que perece ni por la ganancia como motivo principal? Este es un descubrimiento espiritual logrado por medio de mucha oración y anhelo. Mi explicación no hará que suceda. Pero quizá el Espíritu Santo utilice estas palabras para ayudarte a avanzar en esta gesta. Pablo dijo en 1 Corintios 7:30-31 que como vivimos en tiempos de gran urgencia «...los que compran, [sean] como si no poseyesen; y los que disfrutan de este mundo, como si no lo disfrutasen; porque la apariencia de este mundo se pasa». Pienso que esta es otra manera de decir: «Sí, trabajen, pero no por la comida que perece. Vayan y compren, pero compórtense como si no tuvieran bienes. Ocúpense de sus negocios, pero manténganse libres de ellos. El resultado financiero de estos negocios no es su vida».

Digamos que eres asesor financiero

Supongamos que eres un asesor financiero cristiano y has visto que el mercado cayó. No trabajar por la comida que perece significa para ti que tu verdadera vida no está en riesgo. Tu paz y gozo no se destruyen. Tu decisión de hacer lo mejor por tus clientes sigue siendo la misma, aun cuando les aconsejes salir del mercado y utilizar el dinero de manera diferente para la gloria de Dios. No trabajas por la comida que perece. Tu objetivo es disfrutar de la gloria de Dios al trabajar. Jesús dijo: «...Yo tengo un alimento que ustedes no conocen... Mi alimento es hacer la voluntad del que me envió y terminar su obra» (Juan 4:32-34, NVI). Ninguno de nosotros en nuestro trabajo debiera tener únicamente como objetivo la comida que perece. Dejemos esto en manos del Señor. En cambio debemos enfocarnos en cumplir la voluntad de Aquel que nos envió. Y su voluntad es que lo atesoremos por encima de todo y vivamos según esto.

El asesor financiero cristiano que ve la caída del mercado dirá: «La comida principal que deseo de este trabajo aún está ahí. Tengo el deseo de pasar esta prueba de fe y sentir el descanso del poder de Cristo. Siento el anhelo de disfrutar que su nombre sea estimado cuando otros vean mi integridad y disposición, y den gloria a Cristo». Y para ello, trabaja por la comida que perdura hasta la vida eterna. Trabaja, se levanta temprano para orar y meditar, y lleva a Cristo en su corazón durante todo el día. En esa seguridad, piensa en el bien de los demás y les sirve. Eso es una maravilla. No es una vida desperdiciada.

Jesús nos llama a ser extranjeros y peregrinos en este mundo. No nos saca del mundo, sino que cambia de raíz el modo en que lo vemos y la manera en que trabajamos en él. Si simplemente trabajamos para ganar el sustento (por la comida que perece), desperdiciaremos nuestras vidas. Pero si trabajamos con la dulce confianza de que Dios suplirá todas nuestras necesidades, de que Cristo murió para comprar toda bendición inmerecida para nosotros, entonces nuestra tarea será de amor, de gloriarnos en la cruz.

5. Exaltamos a Cristo en nuestro trabajo secular al ganar dinero con el deseo de utilizarlo para que otros se gocen en Dios.

Todo lo que dije en el capítulo 7 supone que debemos tener dinero para utilizarlo de modo radical, con el objetivo de mostrar que Cristo, no el dinero, es nuestro

Tesoro. Pero el dinero no crece en los árboles; trabajamos para ganarlo. Ofrecemos un servicio o un producto por el cual otros pagan. Por lo tanto, lo que quiero decir es que al trabajar debiéramos soñar en cómo utilizar nuestro exceso de dinero para hacer que otros se gocen en Dios. Por supuesto, deberíamos usar *todo* nuestro dinero para que otros se gocen en Dios, en el sentido de que nuestra vida entera tiene esto por objetivo. Pero aquí el punto es que nuestro trabajo secular puede convertirse en una bendición que glorifique a Dios ante el mundo si buscamos dedicar las ganancias que no necesitamos para nosotros (y en verdad *necesitamos* mucho menos de lo que pensamos) y cubrimos las necesidades de otros en nombre de Jesús.

Los que son capaces y trabajan ganando dinero ayudan a los necesitados

Dios nos dice claramente que debemos trabajar para cubrir las necesidades de quienes no pueden satisfacer las propias. Es verdad que todos deben trabajar si son capaces de ello, y en general, es cierto que si uno trabaja tendrá lo suficiente como para cubrir sus requerimientos básicos. «El que labra su tierra se saciará de pan...» (Proverbios 12:11). Sin embargo, esta regla no es absoluta. La sequía puede afectar la cosecha; los ladrones pueden robar lo que ganamos; la discapacidad puede anular nuestra posibilidad de ganar dinero. Todo esto es parte de la maldición que el pecado trajo al mundo. Pero Dios, en su misericordia, quiere que el trabajo del que puede trabajar cubra las necesidades de quienes no pueden hacerlo, especialmente en momentos difíciles.

Tres pasajes de las Escrituras lo dicen claramente. En 1 Timoteo 5:8, Pablo habla a los hijos y los nietos de las viudas ancianas: «Porque si alguno no provee para los suyos, y mayormente para los de su casa, ha negado la fe, y es peor que un incrédulo». En Hechos 20:35, Pablo se refiere a su propia tarea manual y dice: «Con mi ejemplo les he mostrado que es preciso trabajar duro para ayudar a los necesitados, recordando las palabras del Señor Jesús: "Hay más dicha en dar que en recibir"» (NVI). Luego, en Efesios 4:28, no se conforma con decir: «No roben, ¡trabajen!», sino que dice: «El que hurtaba, no hurte más, sino trabaje, haciendo con sus manos lo que es bueno, *para que tenga qué compartir con el que padece necesidad*». Uno puede robar para tener. O puede trabajar para tener. O puede trabajar para tener para dar. Cuando la tercera opción proviene del gozo en la bondad de Dios, hacemos que Él se vea grande ante el mundo.

6. Exaltamos a Cristo en nuestro trabajo secular al considerar la relación con nuestros compañeros como un regalo de Dios, que refleja su amor cuando compartimos el evangelio y ayudamos a practicarlo.

Esto lo menciono en último lugar no porque sea menos importante, sino porque quien lo dice al comienzo jamás dice nada más acerca de la importancia del trabajo secular. Lo sé porque he cometido este error. El evangelismo personal es tan importante que es fácil pensar que es lo único importante en la vida. Pero hemos visto que la Biblia pone mucho énfasis en el adorno del evangelio, no solo en su prédica. Ahora quiero decir que *compartir* la buena nueva de Cristo forma parte de por qué Dios nos ha puesto en nuestro lugar de trabajo. Nos ha entretejido en las vidas de otras personas para que les hablemos del evangelio. Sin esto, nuestra conducta «de adornar el evangelio» carecerá de aquello que la hace dadora de vida.

El llamado al cristiano incluye hacer de su boca una fuente de vida: «Manantial de vida es la boca del justo...» (Proverbios 10:11). El lazo con la vida eterna es la fe en Jesucristo. Nadie será salvo solo por ver que eres un buen empleado. Las personas deben conocer el evangelio, que es el poder de Dios para la vida eterna (Romanos 1:16). «Así que la fe es por el oír, y el oír, por la palabra de Dios» (Romanos 10:17).

La iglesia primitiva estaba formada por un grupo de personas que evangelizaban. Compartían el evangelio. Cuando los creyentes se vieron forzados a salir de Jerusalén debido a la persecución tras el martirio de Esteban, salieron a predicarle al mundo entero. Literalmente, «... iban por todas partes anunciando el evangelio» (Hechos 8:4). El evangelio estaba en sus labios y en sus relaciones. Su identidad era la de ser «proclamadores». «Pero ustedes son linaje escogido, real sacerdocio, nación santa, pueblo que pertenece a Dios, *para que proclamen* las obras maravillosas de aquel que los llamó de las tinieblas a su luz admirable» (1 Pedro 2:9, NVI). Lo habían recibido gratis. Y así lo daban también.

Los movían las palabras de Jesús con respecto al valor de una sola vida humana: «Porque ¿qué aprovechará al hombre si ganare todo el mundo, y perdiere su alma? ¿O qué recompensa dará el hombre por su alma?» (Marcos 8:36-37). Sentían el peso de lo que C. S. Lewis dijo veinte siglos más tarde, cuando sopesó la relación entre ganar un alma para Cristo y valorar su propia vocación como estudioso de literatura inglesa en Oxford:

> El cristiano tomará la literatura un poco menos seriamente que el pagano culto… El no creyente siempre tenderá a hacer un tipo de religión de sus experiencias estéticas… y comúnmente desea mantener su superioridad ante la gran masa de la humanidad que solo ve los libros como objetos de entretenimiento. Pero el cristiano sabe desde el comienzo que *la salvación de un alma es más importante que la producción o preservación de todas las épicas y tragedias del mundo*; y en cuanto a superioridad, conoce que el vulgo que comprende a la mayoría de los pobres comprende también a la mayoría de los superiores.[4]

El punto aquí no es que Lewis haya renunciado a su empleo para ser evangelista de tiempo completo, ni tampoco que debamos hacerlo nosotros. El punto es que veía el significado de su trabajo desde la perspectiva adecuada y sabía que más de una cosa le daba significado e importancia. Para cada una de las cinco maneras mencionadas anteriormente, Lewis tenía el agregado de esta vocación de crear una red de relaciones ante quienes hablaría del evangelio. Una vez, cuando se le criticó por simplificar el evangelio, respondió:

> Sería un crítico más útil si aconsejara una cura además de diagnosticar diversas enfermedades. ¿Cómo hace su trabajo? ¿Qué métodos usa, y con qué efectividad, cuando intenta convertir a la gran masa

4. C. S. Lewis «Christianity and Literature», en *Christian Reflections* (Grand Rapids, MI: Eerdmans, 1967), p. 10.

de libreros, abogados, agentes funerarios, policías y artesanos que lo rodean en su propia ciudad?[5]

Quizá haya algo más que mencionar con respecto a las relaciones creadas en nuestro lugar de trabajo y en nuestra vecindad. Para muchos, moverse hacia las misiones y obras de misericordia no será una mudanza, un alejamiento de su trabajo, sino llevar su trabajo hacia un lugar más alejado, más necesitado en el mundo. Los cristianos no solo debemos preguntarnos cuál es el llamado, sino también dónde debiéramos responder a este. No debemos suponer que los maestros, carpinteros, programadores, gerentes, contadores, doctores y pilotos deban desarrollar su tarea solo en su país. El llamado quizá fuera de mayor utilidad en un país donde esta tarea es menos frecuente o en un lugar donde la pobreza hace que el acceso al evangelio sea más difícil. De este modo, la red de relaciones creada por nuestro trabajo no solamente será estratégica, sino intencional.

Conclusión

En resumen, el trabajo secular no es un desperdicio cuando glorificamos a Cristo en nuestra jornada laboral de ocho a cinco. La voluntad de Dios en esta era es que las personas se esparzan como la sal y la luz en toda legítima vocación. Su objetivo es ser conocido, porque conocerlo a Él es conocer la vida y el gozo. Dios no nos llama a dejar el mundo. No elimina la necesidad de que trabajemos. No destruye la sociedad y la cultura. Por medio de sus

5. C. S. Lewis, «Rejoinder to Dr. Pittenger», en *God in the Dock: Essays on Theology and Ethics* [*Dios en el banquillo*] (Grand Rapids, MI: Eerdmans, 1970), p. 183. Publicado en español por Ediciones Rialp.

santos esparcidos en el mundo, Él derrama la pasión por su supremacía en todas las cosas para gozo de todos los pueblos. Si trabajamos como lo hace el mundo, desperdiciaremos la vida, sin importar cuán ricos podamos llegar a ser. Pero si nuestro trabajo crea una red de relaciones redentoras y se convierte en adorno para el evangelio de la gloria de Cristo, nuestra satisfacción durará por siempre, y Dios será glorificado en nuestro gozo.

9

La majestad de Cristo en las misiones y en la misericordia: Un llamado a esta generación

Dios se está acercando a algunos de nosotros. Es como el «sabueso del cielo» que quiere lograr que seamos cada vez más felices al llevar a cabo tareas peligrosas que otros no se atreven a hacer. Los misioneros y los ministros de la misericordia no vienen de la nada. Son personas como tú y como yo, impactadas por la gloria de Dios y detenidas en su camino. A veces esto sucede justo cuando uno va en la dirección exactamente opuesta.

Cómo Dios atrapó a Adoniram Judson para que fuera a Birmania

Esto fue lo que sucedió con Adoniram Judson, el primer misionero estadounidense en cruzar el océano. Partió con su esposa a los veintitrés años, el 17 de febrero de 1812. Se habían casado doce días antes. Pasó el resto de su vida, hasta 1850, «sufriendo pero siempre regocijándose» para llevar a Birmania a Cristo y hacer que este pueblo se gozara en Dios por siempre. Sin embargo, primero Dios tuvo que hacer que Adoniram viera este camino, y lo hizo de manera sorprendente, ya que este hombre jamás olvidó la providencia divina en su conversión.[1]

1. Para más información sobre Adoniram Judson, véase John Piper, *Filling Up the Afflictions of Christ: The Cost of Bringing the Gospel to the Nations In the Lives*

Era un niño brillante, hijo de un pastor. Su madre le enseñó a leer en una semana cuando tenía tres años para sorprender a su padre cuando volviera de un viaje.[2] A los dieciséis años, ingresó en Rhode Island College (luego Brown University) y se graduó con las mejores calificaciones tres años más tarde, en 1807.

El desvío creado por Dios

Lo que sus devotos padres no sabían era que Adoniram era seducido para apartarse de la fe por un compañero de la universidad llamado Jacob Eames, el cual era deísta.[3] Para cuando Judson terminó su carrera universitaria, ya no tenía fe cristiana. Ocultó esto hasta que cumplió veinte años, el 9 de agosto de 1808, cuando anunció que ya no tenía fe y que se dedicaría a ser dramaturgo en Nueva York. Se fue seis días más tarde cabalgando un caballo que su padre le dio como parte de su herencia. Sus padres quedaron con el corazón destrozado.

Pero la vida no resultó como lo soñaba el muchacho. Se unió a una banda de juglares y, según relató más tarde, vivió «una vida de abandono, vagabunda, encontrando alojamiento en cualquier parte y estafando al propietario del lugar cuando tenía la oportunidad».[4] En esa situación, comenzó a experimentar diversas providencias notables. Dios estaba acercándose a él.

---

of William Tyndale, Adoniram Judson, and John Paton, The Swans Are Not Silent (Wheaton, Ill.: Crossway Books, 2009).

2.Courtney Anderson, *To the Golden Shore: The Life of Adoniram Judson* (Grand Rapids, MI: Zondervan, 1956), p. 14.

3.El deísmo era «la creencia, basada únicamente en la razón, en un Dios que creó el universo y luego lo abandonó, sin asumir control alguno sobre la vida, sin ejercer influencia en los fenómenos naturales y sin dar revelación sobrenatural alguna», *The American Heritage Dictionary* of the English Language, 4.ª ed. (Boston: Houghton Miflin,, 2000).

4. Anderson, *To the Golden Shore*, p. 41.

Fue a visitar a su tío Efraín en Sheffield y lo que encontró fue a un «hombre joven y santo» que lo sorprendió por la firmeza de sus convicciones cristianas, sin ser «austero y dictatorial».[5] Le extrañó encontrar a este hombre en lugar del tío a quien buscaba.

La noche inolvidable

Pasó la noche siguiente en una hostería de una aldea donde nunca había estado antes. El dueño de la hostería se disculpó ante la posibilidad de que su sueño fuera interrumpido por los quejidos de un hombre muy enfermo que dormía en la habitación contigua. Toda la noche Judson oyó ruidos, voces, quejidos y movimiento. Le molestaba pensar que el hombre quizá no estuviera preparado para morir. Pensó en su propia situación y, con horror, en su propia muerte. Se sentía tonto porque los buenos deístas no están llamados a tener estas luchas internas.

Cuando se disponía a partir a la mañana siguiente, preguntó si el hombre había mejorado. «Murió», dijo el hostelero. Judson se sintió impactado por la inminencia del fin. Al salir preguntó:

—¿Y sabe usted quién era este hombre?

—Ah, sí. Un joven de la universidad de Providencia. Su nombre era Eames, Jacob Eames.[6]

Judson no podía moverse, por lo duro del impacto. Permaneció allí durante horas, pensando en la muerte y la eternidad. Si su amigo Eames hubiera tenido razón, la muerte debía ser un acontecimiento sin significado

---

5. Ibíd., p. 42.

6. Ibíd., p. 44. La fuente de esta historia son los relatos orales de miembros de la familia, registrados en Francis Wayland, *A Memoir of the Life and Labors of the Rev. Adoniram Judson, D. D.*, 2 vols (Boston: Phillips, Sampson and Co., 1854), 1:24-25.

alguno. Pero Judson no podía creer esto: «Que el infierno se abriera en esa hostería y se llevara a Jacob Eames, su más querido amigo y guía, justo en la cama contigua a la suya, no podía ser una coincidencia».[7] Dios era real. Y andaba tras Adoniram Judson. Dios conocía al hombre para quien tenía planificada la misión en Birmania.

Vivo para Cristo y muerto para los Estados Unidos

La conversión de Judson no fue inmediata. Pero ahora sí fue segura. Dios andaba tras él, igual que lo hizo con Pablo en el camino a Damasco, y no había manera de escapar. Fueron meses de lucha. Entró en el Seminario Andover en octubre de 1808 y en diciembre dedicó su vida solemnemente a Dios. El 28 de junio de 1809, Judson se presentó ante los congregacionalistas para servir como misionero en el Oriente.

Ese mismo día, conoció a Ann y se enamoró de ella. Después de un mes de salir con Ann Hasseltine le declaró su intención de pedirla en matrimonio. Sabía que la vida que estaba por comenzar sería no solo peligrosa y dura, sino además en lugares remotos. No pensaba volver a los Estados Unidos. Lo hizo una sola vez treinta y tres años más tarde y luego nunca más regresó. Ann fue con él y murió en Birmania. Aquí está la carta que Judson le escribió al padre de Ann, pidiendo su consentimiento para que fuera su compañera de misiones:

> Ahora debo preguntarle si consiente usted en separarse de su hija la primavera venidera para no volverla a ver en este mundo; si puede consentir en su partida

7. Anderson, *To the Golden Shore*, p. 45.

> y en su sujeción a las tribulaciones y los sufrimientos de la vida misionera; si consiente en que se exponga a los peligros del océano, a la fatal influencia del clima de la India; a todo tipo de necesidad y angustia; a la degradación, el insulto, la persecución y quizá a una muerte violenta. ¿Puede dar su consentimiento en todo esto, por el bien de quien ha dejado su hogar celestial y murió por ella y por usted, por el bien de las almas perecederas pero inmortales, por el bien de Sion y la gloria de Dios? ¿Puede usted dar su consentimiento en todo esto, con la esperanza de volver a ver su hija en el mundo de la gloria, con la corona de justicia, brillando con la alabanza transmitida a su Salvador por los impíos salvos gracias a su mediación, salvos de la desesperanza y el sufrimiento eternos?[8]

El padre dejó que Ann decidiera. Y ella aceptó.

Dios no nos llama a la comodidad, sino al gozo fiel. Se acerca a nosotros, sonriendo y con lágrimas en sus ojos. Él conoce cuánto de sí nos mostrará y sabe cuánto costará. Mientras escribo, oro que no rechaces el llamado.

La compasión por las personas y la pasión por Cristo son una misma cosa

Si sientes compasión por los que perecen y pasión por la reputación de Cristo, te importarán las misiones mundiales. Una de las cargas que pesan sobre este libro es la de mostrarte cómo se ve la vida cuando uno cree que no se atreve a elegir entre los motivos por los que ama a las personas y aquellos por los que glorifica a Cristo. No son

8. Ibíd., p. 83.

motivos separados. Si uno actúa según uno de ellos, también lo hará según el otro. Por eso, si tu objetivo es amar a las personas, entregarás tu vida para hacer que se gocen eternamente en Dios. Y si tu objetivo es glorificar a Cristo, que es Dios hecho carne, también entregarás tu vida para hacer que otros sean eternamente felices en Dios.

La razón de esto es que todo objetivo del corazón, sin el deseo de dar a otros el gozo eterno en Dios, es condenación disfrazada de amabilidad. El amor siempre busca lo que es mejor para los necesitados, y lo mejor es disfrutar de Dios plenamente y para siempre. De manera similar, todo esfuerzo por honrar a Cristo que no busque hacer de Él el tesoro de Dios que todo lo satisface para sus traicioneros sujetos será complicidad con la revuelta. Dios solo puede ser alabado cuando se le aprecia. Le ofrecemos nuestro tributo solo cuando es nuestro tesoro. No podemos amar al hombre y honrar a Dios por separado. Esta única pasión de ver que Cristo sea glorificado mientras quienes perecen llegan a gozarse eternamente en Él es lo que impulsa a la gran empresa global que llamamos misiones mundiales.

Si llegas sin interés ni conocimiento

No todos llegan a este capítulo con una pasión clara por la gloria de Dios entre los pueblos remotos del mundo. La mayoría de nosotros somos etnocéntricos, estrechos, y muchas veces racistas y egocéntricos en nuestra vida. Apenas pensamos siquiera en la causa global, multinacional, multiétnica y multilingüe de Dios, y en que la pasión y el propósito de Dios también son para Guinea, Indonesia, Tanzania, Tailandia, Kazajistán, Uzbekistán, Turquía, Eslovaquia, la China, Siberia, el Japón, Camerún, Myanmar, o para los somalíes, o los hmong, o los dakota o los ojibwa de Minnesota.

Así que no presupongo que has llegado a este capítulo con un claro interés en la verdadera buena noticia del mundo, la noticia que los medios nunca mencionan, la difusión de la verdad y la fe cristiana entre los pueblos del mundo, lo cual llevará a la consumación planeada por Dios que hará que toda la historia mundial se vea como lo que realmente es: un breve preludio al eterno, infinito y glorioso reino de Cristo. No supongo que tengas un corazón henchido de propósito misionero. Simplemente deseo que Dios te diga, con sus propias palabras, cuáles son sus prioridades.

> *Se acordarán, y se volverán a Jehová todos los confines de la tierra, y todas las familias de las naciones adorarán delante de ti. Porque de Jehová es el reino, y él regirá las naciones* (Salmos 22:27-28).

Están *las oraciones del Antiguo Testamento*:

> *Te alaben los pueblos, oh Dios; todos los pueblos te alaben. Alégrense y gócense las naciones…* (Salmos 67:3-4).

También *los mandamientos del Antiguo Testamento*:

> *Proclamad entre las naciones su gloria, en todos los pueblos sus maravillas… Decid entre las naciones: Jehová reina…* (Salmos 96:3, 10).

Además está *la gran comisión del Nuevo Testamento dada por el Cristo resucitado*:

> *Jesús se acercó entonces a ellos y les dijo:*
> *—Se me ha dado toda autoridad en el cielo y en la tierra. Por tanto, vayan y hagan discípulos de todas las naciones, bautizándolos en el nombre del Padre y del Hijo y del Espíritu Santo, enseñándoles a obedecer todo lo que les he mandado a ustedes. Y les aseguro que estaré con ustedes siempre, hasta el fin del mundo* (Mateo 28:18-20, NVI).

Asimismo tenemos *la vida del apóstol Pablo, totalmente dedicada a esta misión*:

> *Y de esta manera me esforcé a predicar el evangelio, no donde Cristo ya hubiese sido nombrado, para no edificar sobre fundamento ajeno, sino, como está escrito: aquellos a quienes nunca les fue anunciado acerca de él, verán; y los que nunca han oído de él, entenderán* (Romanos 15:20-21).

Y *el magnífico cuadro del resultado final de los propósitos de Dios en la historia*:

> *Y cantaban un nuevo cántico, diciendo: Digno eres de tomar el libro y de abrir sus sellos; porque tú fuiste inmolado, y con tu sangre nos has redimido para Dios, de todo linaje y lengua y pueblo y nación; y nos has hecho para nuestro Dios reyes y sacerdotes, y reinaremos sobre la tierra* (Apocalipsis 5:9-10).

Un resumen de la fe en las misiones

A partir de estas y muchas otras porciones de las Escrituras, durante años he sentido el anhelo de pensar, predicar y escribir sobre el gran propósito global de Dios: las misiones. Hace unos años, los ancianos de nuestra iglesia redactaron una afirmación de fe para que nos guiara en la enseñanza de nuestros aprendices y en la selección de nuevos ancianos. El párrafo 13 de ese documento resume nuestro sentir acerca de lo que son las misiones:

> Creemos que la comisión dada por el Señor Jesús de hacer discípulos de todas las naciones nos compromete como su Iglesia hasta el fin de los tiempos. Esta tarea consiste en proclamar el evangelio a cada tribu, lengua, pueblo y nación, bautizándolos, enseñándoles las palabras y los caminos del Señor, y reuniéndolos en iglesias capaces de cumplir con su llamado cristiano entre su propio pueblo. El objetivo final de las misiones mundiales es que Dios cree, mediante su Palabra, adoradores que glorifiquen su nombre por medio de la fe gozosa y la obediencia. Las misiones existen porque no hay adoración. Cuando haya pasado este tiempo y los millones de redimidos se arrodillen ante el trono de Dios, ya no habrá misiones. Es una necesidad temporaria. Pero la adoración perdura para siempre. La adoración, por lo tanto, es el combustible y el objetivo de las misiones.[9]

También a los civiles les gusta saber de los triunfos en la línea de combate

Esta es la imagen completa. Cristo vino, murió y resucitó con el fin de reunir en su nombre una compañía gozosa

9. *The Bethlehem Institute Affirmation of Faith* puede leerse completo en https://bcsmn.edu. Recurso en inglés.

e inmensa, proveniente de todos los pueblos de la tierra. Este debe ser el sueño de todo cristiano. Y lo digo con cuidado, en vista de lo que escribí sobre la vocación secular en el capítulo 8. Es crucial que millones de cristianos cumplan con el llamado de vida en sus empleos seculares, del mismo modo que es crucial que durante la guerra el tejido de la vida y la cultura no se rasgue. Pero durante la guerra, también millones de civiles quieren oír noticias del frente. Les gusta oír del triunfo de las tropas. Sueñan con el día en que no haya más guerra. Y así sucede también con los cristianos. Todos debemos soñar con esto. Debemos querer oír cómo avanza el Rey Jesús. Debemos querer oír de los triunfos del evangelio a medida que Cristo planta su Iglesia entre los pueblos que durante siglos han estado cautivos por los poderes de las tinieblas.

Este es el designio de Dios para la historia del mundo: que los pueblos de todas las naciones, tribus y lenguas lleguen a adorar y atesorar a Cristo por encima de todas las cosas. O como dice Pablo en Romanos 15:9: «...que los gentiles [todas las personas] glorifiquen a Dios por su misericordia...». No puede haber lugar para la resignación, ni para la cobarde retirada ni para el contentamiento sin misericordia entre los que son de Cristo, mientras haya miles de personas que todavía no han oído de Él. Todo cristiano, que ama a las personas y honra a Cristo, debe preocuparse por esto.

Lo inadecuado de la perspectiva del que carga los bates

Alguno dirá: «Pero ¿acaso no es que el evangelio trata acerca del perdón de mis pecados, de la esperanza de la vida eterna y de colmarme del Espíritu de santidad para convertirme y ser conforme a la imagen de Jesús, siendo así mejor madre, o padre, o hijo, o hija, o amigo, o empleador o ciudadano?». La respuesta, por supuesto, es sí. Pero si eso es lo único en lo que nos concentramos al caminar con Dios, estamos dejando de ver la imagen completa. Somos como los muchachos que cargan los bates en el Estadio de los Yankees, que piensan que la Serie Mundial consiste en entregarles los bates a los jugadores.

Te urjo pues, en el nombre de Jesús, a despertar y agrandar tu corazón, expandir tu mente y extender tus alas. Llega más allá de lo que te permite tu vida limitada —una vida muy importante que Dios no deja de apreciar— y mira la imagen completa, grandiosa y emocionante del propósito global de Dios para la historia del mundo, el cual no puede fallar. «...Mi consejo permanecerá, y haré todo lo que quiero», dice el Señor en Isaías 46:10. «Para que en el nombre de Jesús se doble toda rodilla de los que están en los cielos, y en la tierra, y debajo de la tierra; y toda lengua confiese que Jesucristo es el Señor, para gloria de Dios Padre» (Filipenses 2:10-11). «Y será predicado este evangelio del reino en todo el mundo, para testimonio a todas las naciones; y entonces vendrá el fin» (Mateo 24:14).

No te ofendas, únete a una feliz sociedad

Y como Dios te da alas para elevarte y ver el mundo del modo que Él lo ve, muchos serán liberados de su situación presente (empleo, vecindario, estado, nación, plan) y serán llamados a un compromiso directo con este propósito histórico, global y grandioso de Dios. Oro que así sea, y que haya muchos que vayan y no solo envíen. Que nadie dedicado a un ministerio local o a un compromiso secular crucial se ofenda por mi ruego. Regocíjense en cambio. Porque somos libres de ir o de quedarnos. Muchos deberán quedarse. Su presencia será importante para los propósitos de Dios en el lugar en el que se queden, y también es crucial la presencia de otros en el lugar a donde vayan. No hay necesidad de culpa o resentimiento. Sí hay necesidad de una feliz sociedad entre ambas partes.

Quienes se queden —los que envían a otros— deberán recordar esto siempre: las misiones en el extranjero son la validación de *todos* los ministerios de misericordia locales, porque son su exportación. Plantar la Iglesia entre las personas de lugares remotos implica plantar la base de operaciones para toda la misericordia que Jesús nos ordenó hacia los pobres. Si no dejamos que nuestra luz brille ante las personas que nos rodean «...para que vean [nuestras] buenas obras, y glorifiquen a [nuestro] Padre que está en los cielos» (Mateo 5:16), ¿qué tipo de obediencia exportaremos a las naciones? La Gran Comisión dada por Jesús incluye las palabras: «Enseñándoles a obedecer todo lo que les he mandado a ustedes...» (Mateo 28:20, NVI). ¿Y qué nos ordenó Jesús? Contó la historia del hombre herido y desesperado y del buen samaritano que «le mostró misericordia» y luego nos dijo a todos que fuéramos e hiciéramos lo mismo (véase Lucas 10:37).

La misericordia en casa hace que las misiones sean creíbles

Quienes se quedan en su lugar están rodeados de necesidad. Solo necesitamos ojos para ver y corazones que no puedan alejarse a otro lado. Este reto no es algo que se aparte de las misiones. Mostrar misericordia práctica a los pobres muestra la belleza de Cristo en casa y hace que la exportación de la fe cristiana sea creíble. Somos hipócritas si fingimos entusiasmo por las misiones en el extranjero y no somos misericordiosos en casa. Algo estaba mal en ese sacerdote y el levita de la historia del buen samaritano, quienes tenían sus objetivos religiosos a distancia, pero no les conmovía el sufrimiento que tenían al lado, donde ayudar implicaba ensuciarse sus propias manos. Los ministerios de misericordia que nos rodean validan la autenticidad de nuestras tareas distantes.

Las misiones extranjeras y la misericordia a nuestro alrededor se encuentran ligadas en la propia naturaleza del evangelio que enviamos a las naciones. El corazón del evangelio es este: «…nuestro Señor Jesucristo… por causa de ustedes se hizo pobre, para que mediante su pobreza ustedes llegaran a ser ricos» (2 Corintios 8:9, NVI). La salvación que saboreamos y enviamos a otros es el ministerio de la misericordia de Dios por los pobres, y esto nos incluye a todos. Debemos nuestras vidas al compromiso de Dios con las misiones y la misericordia. Él recorrió un largo camino para ayudarnos, y su ayuda incluye todo tipo de apoyo que podamos necesitar. Y se ensució al hacerlo. En realidad lo mataron. Este sufrimiento misericordioso es la *compra* y el *camino* de nuestra salvación. «…Cristo sufrió *por ustedes*, dándoles *ejemplo* para que sigan sus pasos» (1 Pedro 2:21, NVI). Las misiones y la misericordia no pueden separarse, porque el evangelio que llevamos a las naciones modela y tiene como mandato la misericordia hacia los pobres en casa.

La comparación devastadora de M'Cheyne

Jamás leí una mejor afirmación de este vínculo que la siguiente cita de Robert Murray M'Cheyne, un joven pastor escocés que murió a la edad de veintinueve años en 1843. En ella, responde algunas de las más acuciantes preguntas acerca del ministerio a los pobres, comparándolo con el ministerio de Cristo hacia nosotros.

> Ahora, queridos cristianos, algunos de ustedes oran día y noche para llegar a ser ramas de la verdadera Vid; oran para convertirse a la imagen de Cristo. Si es así, deben ser como Él para dar… «se hizo pobre siendo rico»…
>
> Objeción 1: «Mi dinero es mío». Respuesta: Cristo podría haber dicho: «Mi sangre es mía, mi vida es mía»… pero ¿dónde estaríamos nosotros?
>
> Objeción 2: «Los pobres no lo merecen». Respuesta: Cristo podría haber dicho: «Son rebeldes y malos… ¿daré mi vida por ellos? Mejor les daré a los ángeles buenos». Pero no, dejó a los noventa y nueve y vino por los perdidos. Dio su sangre por quienes no lo merecían.
>
> Objeción 3: «Los pobres abusarán». Respuesta: Cristo podría haber dicho lo mismo, claro que sí, y con más verdad. Cristo sabía que habría miles que pisotearían su sangre, que la despreciarían, que harían de ella una excusa para pecar más; pero aun así dio su sangre.
>
> ¡Ah, mis queridos cristianos!, si quieren ser como Cristo, den mucho, den a menudo, den generosamente, al malo y al pobre, al ingrato y al que no lo merece. Cristo es glorioso y feliz, y ustedes también lo serán. No es su dinero lo que persigo,

sino su felicidad. Recuerden su palabra: «Más bienaventurado es dar que recibir».[10]

Así como hay una sociedad entre el evangelio y la misericordia a los pobres que nos rodean, hay una maravillosa sociedad entre los cristianos que *son* la Iglesia misericordiosa en casa y los cristianos que *plantan* la Iglesia misericordiosa en el extranjero. Ninguna de las dos vidas se desperdicia. En realidad, la autenticidad de cada una depende en mucho de la autenticidad de la otra. No es auténtico presumir que enviamos lo que no tenemos. Y tampoco es legítimo tener un tesoro y no enviarlo.

Las raíces del Movimiento Voluntario de Estudiantes

La feliz sociedad entre los laicos que ministran en casa y los misioneros en el extranjero ha tenido lugar antes y puede ocurrir nuevamente. En las primeras décadas del siglo XX, el Movimiento Voluntario de Estudiantes (MVE) explotó en Norteamérica con un inmenso impacto misionero. Era notable por la cantidad de misioneros enviados y por el amplio espectro de laicos que lo apoyaban. Era una sociedad magnífica.

Las raíces del MVE se encontraban en la famosa Reunión de Oración de Haystack de 1806 en Massachusetts. Un despertar espiritual movió a los estudiantes de Williams College y promovió un pequeño grupo de jóvenes que se dedicaban a la oración dos veces a la semana

10. Robert Murray M'Cheyne, sermón LXXXII en *The Works of the Late Rev. Robert Murray M'Cheyne*, 4 vols. (Nueva York: Robert Carter, 1847), 2:479 Encontré esta cita en el libro de Timothy J. Keller, *Ministries of Mercy: The Call of the Jericho Road* (Phillipsburg, NJ: Presbyterian & Reformed, 1997), p. 65. Quisiera que todos mis lectores leyeran este libro.

junto al río Hoosack. Se concentraban en el bienestar espiritual de los demás estudiantes. En agosto del año 1806, una tormenta los sorprendió cuando volvían a casa y se refugiaron bajo una pila de heno. Utilizaron ese tiempo para seguir orando. Esta vez oraron por el despertar de un interés en las misiones al extranjero entre los estudiantes.

Uno de ellos, Samuel Mills, urgió al grupo a pensar en su propia disposición de ser misioneros. Para sentir la importancia de este instante, debemos recordar que hasta ese momento en toda la historia de los Estados Unidos ni un solo misionero había salido al exterior. No había sociedades misioneras. Ninguna de las iglesias tenía una visión que incluyera a los pueblos remotos, más allá de los peligrosos océanos. Había, como dicen varios hoy, mucho que hacer en casa. ¡Y era cierto! Pero este grupo de estudiantes ya no podía contentarse con una iglesia estadounidense cuyo corazón no ardiera de amor por las personas lejanas y con el celo por la gloria de Dios entre las naciones. Ya no podían sentirse satisfechos con una iglesia que no enviara misioneros al exterior. En contra de esta inercia espiritual, histórica y estructural, Dios les dio la capacidad de ser precursores.

Nació «la hermandad»

Cuando oraban bajo la pila de heno, se dedicaron ellos mismos al servicio misionero. «Desde esa reunión bajo la parva de heno, el movimiento misionero de las iglesias de los Estados Unidos tomó su impulso inicial».[11] En septiembre de 1808, el grupo formó la «Sociedad de la Hermandad» para fortalecer su decisión de entregarse

11. Kenneth Scott Latourette, *These Sought a Country* (Nueva York: Harper and Brothers, 1950), p. 46

al servicio misionero. Samuel Mills esparció la visión de «la hermandad» mientras estudiaba en Yale y luego en el Seminario Andover. Se había pasado a Andover para ser parte de lo que Dios estaba haciendo allí bajo el liderazgo estudiantil de Adoniram Judson. Este grupo de «hermanos» en Andover dio el empujón inicial a la primera agencia de misiones en los Estados Unidos (La Junta Norteamericana de Comisionados para Misiones al Extranjero), y de este grupo partieron los primeros misioneros norteamericanos en 1812.

Nació el Movimiento Voluntario de Estudiantes

En 1846, Royal Wilder fue a la India enviado por esta primera Junta Norteamericana de Comisionados. Volvió en 1877 por razones de salud y se estableció en Princeton. Allí su hijo Robert formó la «Sociedad Misionera del Extranjero de Princeton». Las oraciones de este grupo dieron lugar a una reunión muy importante, convocada por D. L. Moody en Mount Hermon, Massachusetts, en el verano de 1886. Doscientos cincuenta y un estudiantes se reunieron para una conferencia bíblica que duró un mes. Luego de un inspirador discurso del pastor A. T. Pierson en representación de las misiones mundiales, cien de estos estudiantes se ofrecieron como voluntarios para servir en el extranjero. El espíritu de este suceso colmó al mundo estudiantil. Durante el año lectivo de 1886-1887, Robert Wilder y John Forman viajaron a ciento sesenta y siete universidades para esparcir la visión. La organización formal del Movimiento Voluntario Estudiantil ocurrió dos años más tarde, con John R. Mott como presidente.

El propósito, según lo explicó Mott, tenía cinco partes:

> Las cinco partes del propósito del Movimiento Voluntario Estudiantil consisten en conducir a los estudiantes a pensar de forma consciente en lo que las misiones del extranjero les demandarán, tanto personal como laboralmente; promover este propósito guiando a los estudiantes a que se conviertan en voluntarios en su estudio y actividad para las misiones hasta que queden bajo la dirección de las Juntas de Misión; unir a todos los voluntarios en un movimiento común, agresivo y organizado; asegurar un número suficiente de voluntarios bien capacitados para que cubran las necesidades de varias Juntas de Misión; y crear y mantener un interés inteligente, conmiserativo y activo en las misiones extranjeras en todos los estudiantes que se quedan en casa para asegurar un fuerte apoyo al movimiento misionero, mediante su defensa, sus donaciones y sus oraciones.[12]

«El crecimiento del MVE en las tres décadas siguientes fue fenomenal».[13] El grito de la convocatoria era: «Evangelización del mundo en esta generación». Para 1891 se contaba con seis mil doscientos estudiantes voluntarios que habían firmado una declaración que decía: «Es mi propósito, si Dios lo permite, convertirme en misionero en el extranjero». De ellos, trescientos veintiuno partieron hacia el exterior. El año culminante del MVE

12. John R. Mott, *Five Decades and a Forward View* (Nueva York: Harper and Brothers, 1939), p. 8.

13. David Howard, «Student Power in Missions», en *Perspectives on the World Christian Movement: A Reader,* 2da edición, eds. Ralph d. Winter y Steven C. Hawthorne (Pasadena, CA: William Carey Library, 1999), p. 283. La mayoría de los hechos registrados aquí sobre el MVE provienen de este artículo.

fue 1920, cuando dos mil setecientos treinta y ocho estudiantes firmaron su compromiso, y seis mil ochocientos noventa asistieron a la convención realizada cada cuatro años. «Para 1945, los cálculos más conservadores demostraban que veinte mil quinientos estudiantes habían firmado la declaración y llegado al campo misionero».[14]

La llama de los estudiantes encendió los negocios y las iglesias

Este movimiento tuvo muchas cosas notables, llenas de instrucción e inspiración para nuestra generación cien años más tarde. Por ejemplo, el MVE encendió no solamente a los estudiantes, sino a los laicos en las iglesias. El primer secretario del Movimiento Misionero de Laicos, J. Campbell White, escribió en 1909: «Durante los últimos veinte años, el espíritu misionero ha tenido un maravilloso desarrollo en las universidades de los Estados Unidos y el Canadá... llevó a miles de hombres y mujeres jóvenes y fuertes a vivir una vida con propósito misionero».[15] Atraído por este celo, un joven empresario asistió a la convención de 1906 realizada por el MVE en Nashville. Él pensó: *Si los laicos de los Estados Unidos pudieran ver el mundo como lo ven estos estudiantes, se levantarían con fuerza y proveerían los fondos que se necesitan para esta empresa.*[16] En una reunión de oración para empresarios el 15 de noviembre de 1906, realizada en Nueva York, nació el Movimiento Misionero Laico.

14. Ruth Rouse y Stephen C. Neill, *A History of the Ecumenical Movement, 1517-1948* (Philadelphia: Westminter, 1967), p. 328.

15. J. Campbell White, «The Layman's Missionary Movement», en Ralph D. Winter y Steven C. Hawthorne, eds., *Perspectives on the World Christian Movement: A Reader*, 1.ª ed. (Pasadena, CA: William Carey Library, 1981), p. 222.

16. Ibíd., p. 223.

Su objetivo era: «La investigación, preparación y organización; la investigación de las condiciones misioneras realizada por laicos; la preparación de laicos para establecer políticas misioneras apropiadas, y la organización de laicos para que cooperen con ministros y Juntas Misioneras en el reclutamiento de la Iglesia entera en esta suprema tarea de salvar al mundo».[17]

El regalo de líderes apasionados

Del mismo modo que Dios había preparado un extraordinario liderazgo para el MVE, con Robert Wilder, Robert Speer y John R. Mott, levantó líderes para el Movimiento Misionero Laico que hablaron con tal poder de profecía que miles de laicos fueron alcanzados por la visión del propósito global de Dios. El líder del movimiento no era pastor ni misionero. Era un empresario. La sociedad que surgió entre los estudiantes que iban y los empresarios que los enviaban fue profunda, porque en ambos grupos había líderes visionarios centrados en Dios. Ambos tenían la misma pasión por no desperdiciar sus vidas. Puedes oírla en casi cada oración escrita por J. Campbell White:

> La mayoría de los hombres no se siente satisfecha con el resultado permanente de sus vidas. Nada puede satisfacer plenamente la vida de Jesús en sus seguidores con la excepción de la adopción del propósito de Cristo hacia el mundo que vino a redimir. La fama, el placer y la riqueza son solo cenizas comparados con el infinito y perdurable gozo de trabajar con Dios para el cumplimiento de su plan

17. Ibíd., p. 224.

> eterno. Los hombres que ponen todo en la tarea de Cristo obtienen de la vida las recompensas más dulces y preciadas.[18]

Los que envían a los misioneros no sienten vergüenza por apoyar la causa

De nuevo, no es esta una contradicción con lo que escribí sobre el valor del trabajo secular en el capítulo 8. El punto es que en la guerra, sin que importe cuán valioso sea el trabajo civil, todos quieren que su vida importe también en el esfuerzo del combate, donde se rompen las filas enemigas. Los laicos, los pastores, las iglesias, todos los que nos quedamos en casa, encontraremos «las recompensas más dulces y preciadas» a medida que agrandamos nuestros corazones para abarcar no solo las necesidades cercanas, sino también las que hay en los lugares remotos del mundo.

Estos empresarios vieron cien años atrás su llamado secular y su visión misionera como un todo. El modo en que J. Campbell White articuló la visión del movimiento les dio a los empresarios categorías para la comprensión de la unidad de la vida bajo el señorío de Cristo. Él dijo:

> Este movimiento tiene las mayores exigencias. Busca transmitir a los hombres el llamado de Dios a una vida cuyo propósito principal es establecer el reino de Cristo en las relaciones humanas… Les recuerda… que el egoísmo es suicidio, pero que el servicio a otros trae al alma la satisfacción más suprema que existe.[19]

18. Ibíd., p. 225.
19. Ibíd., p. 224.

El efecto fue impactante sobre la Iglesia de aquel tiempo, pero ¿ahora qué?

White le mostró a su generación que la pasión por las misiones no era solo el único modo de salvar al mundo, sino también el de salvar a la Iglesia:

> El esfuerzo por evangelizar el mundo presenta los métodos más seguros y veloces para salvar a la Iglesia. Nuestros recursos materiales son tan abundantes que corremos peligro de terminar confiando más en las riquezas que en Dios. Si un hombre se enriquece demasiado, no habrá nada que pueda impedir que su alma se encoja, salvo el continuo dar. La evangelización del mundo es la única empresa lo suficientemente grande e importante como para brindar una salida adecuada a la riqueza de la Iglesia.[20]

Esto es verdad también hoy. Las misiones no solo son cruciales para la vida del mundo, también lo son para la vida de la Iglesia. Pereceremos con nuestra riqueza si no nos damos a nosotros mismos en ministerios de evangelismo y misericordia en casa y a través de las misiones a los pueblos más lejanos. Somos muy ricos aquí en los Estados Unidos. Todo el dinero que se requiere para enviar y mantener un ejército de embajadores del sacrificio propio y del gozo está ya en la Iglesia. Sin embargo, no lo damos. En especial, no a la causa de llegar a los pueblos no alcanzados del mundo.

Considera estas cifras de donaciones cristianas de 2021–2022.

20. Ibíd., p. 225.

> Actualmente, los cristianos dan el 2,5% de sus ingresos... Durante la Gran Depresión, daban una parte mayor, el 3,3%. Solo el 1% de los hogares que ganan más de 75.000 dólares contribuyen con cantidades de al menos el 10% de sus ingresos.[21]

> La donación semanal de los adultos que asisten a iglesias protestantes [en los Estados Unidos] es de unos 17 dólares.[22]

Si, además de Estados Unidos, consideramos las donaciones de los cristianos de todo el mundo, las cifras no mejoran mucho. Según el ministerio de apoyo de las misiones "The Traveling Team", los ingresos anuales de todos los miembros de las iglesias ascienden a 53 billones de dólares (los ingresos anuales de los cristianos evangélicos son aproximadamente 6,72 billones). De esa suma, 896.000 millones de dólares se destinan a causas cristianas (más o menos lo que gastamos en Estados Unidos en Navidad), desglosados en las siguientes categorías:

- 734.000 millones de dólares (82%) se destinan a los ministerios propios de las iglesias.
- 107.500 millones de dólares (12%) se destinan a las misiones nacionales.
- 51.700 millones de dólares (5,7%) se destinan al mundo no cristiano no evangelizado (diferente del mundo "no alcanzado").

21. En línea, 21. Milena, «Church Giving Statistics», Balancing Everything, 31 de diciembre de 2021, https://balancingeverything.com. Recurso en inglés.

22. «The Ultimate List of Charitable Giving Statistic for 2022», NP Source, consultado el 24 de octubre de 2022, https://nonprofitssource.com.

- Se calcula que 880 millones de dólares (menos del 1%) se destinan a los pueblos no alcanzados.[23]

Esto no significa que debamos retroceder en ninguna de las categorías de generosidad cristiana. El punto es que Dios ha provisto al pueblo cristiano de todos los recursos financieros necesarios para sostener una oleada de misioneros y empresas misioneras. Hay suficiente para todos los avances necesarios si tan solo decidimos mostrar que Cristo es nuestro tesoro.

No conoceremos del todo a Dios sin involucrarnos en su misión

Por el bien de su alma, la Iglesia necesita involucrarse en las misiones. No conoceremos a Dios en toda su majestad hasta que lo veamos moverse triunfante en todas las naciones. No podremos admirarlo y alabarlo como debemos hasta que lo veamos reunir una compañía de adoradores de todos los pueblos de la tierra, incluidos los pueblos musulmanes, budistas e hindúes. Nada agranda tanto nuestra visión de la gracia triunfante de Dios como el alcance de su obra de salvación a lo largo de la historia. ¡Y qué historia! «Me acordaré de las obras de JAH, sí, haré yo memoria de tus maravillas antiguas. Meditaré en todas tus obras, y hablaré de tus hechos» (Salmos 77:11-12). «... Alabadle por sus proezas; alabadle conforme a la muchedumbre de su grandeza» (Salmos 150:2). «Alabad al Señor todos los gentiles, y magnificadle todos los pueblos» (Romanos 15:11, citando Salmos 117:1).

23. «Mission Stats: Our Current State of the World», The Traveling Team, consultado el 24 de octubre de 2022, https://www.thetravelingteam.org. Las fuentes de las estadísticas citadas se indican a pie de página en el artículo en línea.

¿Cuál es nuestra situación en el mundo hoy?

Los retos de la evangelización del mundo siguen siendo grandes. Como nunca antes, estamos en mejor posición para conocer el alcance y la naturaleza de la tarea. Patrick Johnstone escribe: «Por primera vez en la historia, tenemos una lista razonablemente completa de los pueblos del mundo y la extensión de la evangelización entre ellos».[24] Hay varios grupos que realizan investigaciones para ayudar a que la Iglesia sepa qué pueblos del mundo han sido abarcados por una iglesia cristiana o una agencia de misiones.[25] El libro de Johnstone provee un buen resumen de la situación en el cambio de siglo.[26]

Una de las maneras en que podemos describir la situación es diciendo que de 1,2 a 1,4 miles de millones de personas nunca han llegado a oír el evangelio;[27] es decir, que viven en culturas donde la prédica del evangelio de manera entendible no está al alcance. Otros analistas estiman que el número de no evangelizados es aun mayor. Por ejemplo, la «Tabla Anual Estadística sobre la Misión Global del 2002», de David Barrett y Todd Johnson, informa que hay 1.645.685.000 personas no evangelizadas en el mundo. Esto significa que el 26,5% de la población del mundo vive en grupos étnicos que no han tenido iglesias de evangelización locales.[28] Casi el 95% de estas

24. Patrick Johnstone, *The Church is Bigger Than You Think* (Ross-shire, Inglaterra: Christian Focus, 1998), p. 229.

25. Ver, por ejemplo, en línea http://www.joshuaproject.net/international/es/countries.php (recurso en español).

26. Johnstone, *The Church is Bigger than You Think*, pp. 225-230.

27. Ibíd., p. 215. Johnstone es más optimista que Barrett con sus cifras: casi un 20% de la población del mundo está sin evangelizar; 47% son no cristianos que viven en lugares donde es posible evangelizarlos; y 33% son cristianos que profesan la fe.

28. David B. Barrett y Todd M. Johnson, «Annual Statistical Table on Global Mission 2002», en *International Bulletin of Missionary Research* 26 (enero de 2002), pp. 22-23.

personas vive en lo que se llama la ventana 10/40 (entre las latitudes 10° y 40° al norte del Ecuador, entre los océanos Atlántico y Pacífico). Este es el gran reto de nuestros días.

Johnstone lo pone en una perspectiva histórica esperanzadora.

> Si volvemos atrás, vemos un notable patrón que emerge a lo largo de doscientos años de crecimiento [de la Iglesia] y que está en franco desarrollo: en el siglo XVIII, el Atlántico Norte; en el siglo XIX, el Pacífico; en la década de 1960, África; en la década de 1970, América Latina; en la década de 1980, Asia Oriental; en la década de 1990, Euroasia. Esta circunvalación del mundo, una vez y media, nos lleva al reto de la Ventana 10/40 hoy. Asia del Sur, Asia Central y el Medio Oriente son las áreas de mayor reto. ¿Dónde estarán los precursores de la... primera década del [nuevo] milenio? ¿Será entre los hindúes, los musulmanes o los budistas? Hay ahí bastiones del enemigo sin penetrar que todavía mantienen cautivas las almas de los hombres. La creciente marea del evangelio rodea esa área, y podemos prever que el impacto inicial tendrá gran significado. Quisiera tener el espacio y la libertad de poder contar las cosas sorprendentes que suceden en estas fortalezas ideológicas aparentemente impenetrables.[29]

Dios llama a esta generación: ¡escúchenlo!

Hay un llamado a esta generación para que obedezca al Cristo resucitado y haga discípulos entre todos los pue-

29. Johnstone, *The Church Is Bigger Than You Think*, pp. 115-116.

blos no alcanzados en el mundo. Oro que Dios toque a cientos de miles de jóvenes y «no tan jóvenes», personas que han terminado una carrera y están listas para iniciar una segunda en el ministerio de Cristo. Oro que este divino llamado despierte su corazón con gozo y no con culpa. Oro que se confirme con los dones necesarios, con el deseo inalienable, la ratificación de su iglesia y las muestras de la providencia. Que cada pequeña llama de deseo sea alimentada mediante la lectura de biografías, la meditación de las Escrituras, el estudio de los pueblos remotos, la oración por la pasión y la conversación con misioneros veteranos. No escapes al llamado. Síguelo.

Permite que tu mente medite en los individuos que perecen, pero también en los pueblos que no tienen acceso al evangelio. Esta era la gran ambición de Pablo: predicar el evangelio donde Cristo aún no ha sido nombrado (Romanos 15:20). Siempre habrá personas inconversas allí donde la Iglesia ya está establecida. Esta no es la tarea de las misiones fronterizas. Las misiones de frontera hacen lo que quiso hacer Pablo: plantar la Iglesia donde no hay posibilidad de ministerio. Esta es la gran necesidad de hoy, no solo de misioneros que sirven a la Iglesia en otros países (lo que es una gran necesidad, especialmente para el desarrollo de líderes), sino también de misioneros que vayan a lugares y pueblos donde no hay iglesias a las que servir.

El día de las misiones aún no ha acabado

No pienses que el tiempo de las misiones al extranjero ya ha pasado y que la tarea puede ser continuada por personas nacidas en cada uno de estos lugares. Hay cientos, millones de personas en lugares donde no hay cristianos que evangelicen en su misma cultura. Las culturas deben cruzarse. En realidad, este cruce puede hacerlo un no occidental, porque Dios crece con su Iglesia mucho más rápido en el mundo no occidental.[30] Eso sería maravilloso. No deseo limitar el gozo del amor. Además, puede ser que los especialistas occidentales altamente entrenados, aunque menos decididos en estos pueblos, no sean tan fructíferos como los misioneros menos preparados, pero más valientes. Con respecto a las misiones entre los musulmanes, Patrick Johnstone dice: «A menudo los mejores misioneros son los que han estudiado solo un poco más allá de las bases del islamismo, pero tienen una gran pasión por predicar a Cristo. En su coraje por Jesús, se zambullen entre los musulmanes testificando acerca de Cristo, y esto es algo que un islamista quizá tema hacer».[31] Pero no hay equivocaciones. Una cultura tendrá que ser cruzada, y eso es lo que significa la misión. Será la misión, y no la evangelización realizada por nativos de la misma cultura, la que complete la Gran Comisión.

Así que pídele «al Señor de la mies, que envíe obreros a su mies» (Mateo 9:38), y pregúntale si debes ser tú uno de estos obreros. Luego espera a que la oración

30. Este crecimiento en el siglo xx está documentado por Phillip Jenkins, *The New Christendom* (Oxford: Oxford University Press, 2002), p. 2.

En el último siglo… el centro de gravedad del mundo cristiano se ha movido inexorablemente al Sur, a África, Asia y Latinoamérica. Hoy ya las mayores comunidades de cristianos se encuentran en África y Latinoamérica. Si queremos visualizar a un cristiano contemporáneo típico, debemos pensar en una mujer de una aldea de Nigeria o en una favela de Brasil. Como observó el estudioso de Kenia, John Mbiti: «Los centros de la universalidad de la Iglesia ya no están en Ginebra, Roma, Atenas, París, Londres o Nueva York, sino en Kinshasa, Buenos Aires, Addis Abeba y Manila. Sea lo que fuese que crean los europeos o norteamericanos, el cristianismo tiene buen éxito en el Sur, y no solo sobrevive, sino se expande».

31. Johnstone, *The Church is Bigger Than You Think*, p. 273.

te haga cambiar. Cuando Jesús les dijo a sus discípulos que oraran de esta manera, lo que sucedió fue que asignó a doce hombres como apóstoles y los envió a predicar. Ora por los obreros de la mies, y podrás llegar a ser uno de ellos. Dios a menudo despierta el deseo y da dones, y abre puertas cuando oramos y tenemos en cuenta posibilidades reales y necesidades reales. Obtén una copia de la guía mundial de oración llamada *Operation World* [Operación Mundo], y ora, lee y piensa en las naciones cada día.[32] Piensa en las personas en lugares como:

- *Marruecos*, con sus 37 millones de habitantes y quizás «unos 2000 cristianos marroquíes, con 20 o 30 pequeñas comunidades en casas».[33]
- *Corea del Norte*, «una nación paria que gradualmente muere de hambre bajo su loco liderazgo comunista»,[34] sin personas que testifiquen y sin vida de iglesia en los últimos setenta años.
- *Arabia Saudita*, el cuartel central del islamismo, donde los creyentes sauditas son ejecutados si se les descubre.
- *La India*, que «tiene más personas sin alcanzar que cualquier otra nación. Si [el solo estado de] Uttar Pradesh fuera su propio país, tendría la tercera población no evangelizada más grande del mundo. Existen 191 grupos no alcanzados y sin

32. Patrick Johnstone y Jason Mandryk, Operation World: When We Pray God Works (Waynesboro, Georgia: Paternoster USA, 2001). Véase la versión en línea http://www.operationworld.org. Recurso en inglés.
33. «Pray for Morocco», Operation World, 6 de septiembre de 2021, https://operationworld.org.
34. Johnstone y Mandryk, *Operation World*, p. 222.

contacto. Este único estado representa probablemente el mayor reto misionero del mundo».[35]

- *Turquía*, donde «la población cristiana descendió del 22% en 1900 al 0,21% en 2010. Pocos de los 73 millones de musulmanes turcos actuales han escuchado alguna vez el evangelio».[36]

Piensa en la amnistía que se ofrece a las naciones y, luego, ora

El objetivo de esta lista es simplemente ilustrar que hay poblaciones enteras que viven en rebeldía contra el verdadero Dios, apartadas del único que puede reconciliarlos con su Creador. Esto implica destrucción para los no creyentes y deshonra para Cristo. Él es el dueño de este mundo, y contar con la lealtad de cada persona es su derecho. Todas las almas y todos los estados son suyos. Abraham Kuyper lo dijo de manera muy efectiva: «No hay una pulgada cuadrada en el dominio completo de la existencia humana donde Cristo, Soberano de todo, no grite su reclamo: "¡Me pertenece!"».[37] Cristo vino a este mundo perdido, que Él creó para su propia gloria, y pagó por la amnistía con su propia sangre. Todo aquel que abandone la lucha de resistirse a Cristo será absuelto de sus crímenes contra el Soberano del universo. Solo por la fe, los enemigos se convertirán en felices súbditos de un reino eterno de justicia y gozo. Vale la pena dedicar nuestra vida a esta causa con Cristo.

35. «Pray for: India», Operation World, 4 de julio de 2021, https://operationworld.org.

36. «Pray for: Turkey», Operation World, 25 de noviembre de 2021, https://operationworld.org.

37. Abraham Kuyper, «Sphere Sovereignty», en Abraham Kuyper, *A Centennial Reader*, ed. James D. Bratt (Grand Rapids, MI: Eerdmans, 1998), p. 488.

No, no hay que ser misionero para contribuir al avance de los grandiosos propósitos de Dios para ser conocido, y alabado y disfrutado entre todos los pueblos. Pero si queremos estar plenamente satisfechos en Dios como triunfador en la historia de la redención, no podemos continuar haciendo lo de siempre: trabajar, ganar dinero, dar el diezmo, comer, dormir, jugar, ir a la iglesia. En cambio, debemos detenernos y retirarnos durante unos días, con una Biblia y un cuaderno de notas; orar y pensar de qué modo nuestro lugar en la vida encaja dentro del gran propósito de Dios de hacer que las naciones se gocen en Él. ¿Cómo te unirás al gran propósito global de Dios expresado en el Salmo 67:4: «Alégrense y gócense las naciones, porque juzgarás los pueblos con equidad, y pastorearás las naciones en la tierra»?

El significado de tu descontento

Muchos deberán permanecer donde están, en sus empleos, simplemente pensando cómo hacer que sus habilidades, relaciones y recursos se utilicen de forma más estratégica para contribuir al propósito global de nuestro Padre. Pero para otros que leen este libro, será diferente. Muchos no están satisfechos con lo que hacen. Como dijo J. Campbell White: «El resultado de sus vidas no satisface sus ambiciones espirituales más profundas». Debemos ser cuidadosos aquí, porque todo empleo tiene sus desalientos y sus momentos de oscuridad. No debemos interpretar dichas experiencias de forma automática, como llamados a dejar nuestro lugar.

Pero si el descontento con tu situación presente es profundo, persistente y recurrente, y si este descontento crece en un suelo saturado por la Biblia, quizá Dios te esté llamando a una nueva tarea. Si en tu descontento anhelas ser santo, caminar complaciendo al Señor y magnificar a Cristo con tu única y breve vida, quizá Dios esté plantando en ti las semillas que te harán germinar en otro lugar, en un ministerio donde las profundas ambiciones espirituales de tu alma se sientan satisfechas. Es verdad que podemos conocer y disfrutar a Dios en toda vocación legítima, pero cuando Él nos envía de un lugar a otro, nos ofrece beber agua fresca en la fuente de su compañía. Dios, pocas veces, nos llama a una vida más fácil, pero sí lo hace siempre para que lo conozcamos mejor y bebamos más de su gracia que nos sostiene.

¿Debo seguir donde estoy?

Siempre intento evaluar mi propio ministerio de esta manera. Todos los años en nuestra iglesia tenemos una «Semana de las Misiones». Predico sobre las misiones, y tenemos invitados que nos hablan de ellas. Luego se presenta el reto. Las personas se acercan a las misiones, hacen su compromiso y se unen al programa preliminar a la misión. Y todos los años reexamino mi vida. Miro mi tarea a la luz del propósito global de Dios y en vista de la increíble oscuridad espiritual y la miseria de los pueblos remotos de la tierra. Entonces me pregunto: ¿Es este el modo más estratégico de invertir mi vida por el bien del propósito de Dios, de hacer que las naciones se gocen en Él? Y le pregunto a mi esposa: «Noël, ¿sientes tironcitos que te llaman a ir más cerca de las líneas de lucha, cerca de los pueblos más remotos?».

Nuestra afirmación de misión en la iglesia pone la palabra «esparcir» en un lugar de importancia. «Existimos para *esparcir* la pasión por la supremacía de Dios en todas las cosas para gozo de todos los pueblos a través de Jesucristo». Así que me pregunto: ¿Cumplo esta misión mejor en el puesto que hoy ocupo? ¿Podré decir cuando el Señor me llame a rendir cuentas de mi ministerio en el último día: «Señor, me quedé en mi país porque creí que sería de mayor utilidad allí para cumplir tu propósito de darte a conocer entre las naciones y reunir a tus ovejas de entre todas las naciones de la tierra»? Cuando ya no pueda contestar afirmativamente esta pregunta, mi liderazgo aquí habrá terminado.

¿Qué hay de ti?

Y así les sucede también a muchas personas. Los temas importantes se presentan. ¡Oro que Dios te ayude! ¡Que Dios te libere! ¡Que Dios te dé una visión nueva que exalte a Cristo en tu vida, tanto si vas hacia los pueblos más remotos como si permaneces firme y fructífero en tu puesto actual! ¡Que tu visión obtenga su significado del gran propósito de Dios de hacer que las naciones se gocen en Él! ¡Que la cruz de Cristo sea tu único motivo de gloria y que puedas decir con dulce confianza: «El vivir es Cristo y el morir es ganancia»!

10

Mi oración: Nadie en el mundo diga al final: «La he desperdiciado»

Tu misericordia, oh Señor, es mejor que la vida. Nos lo has dicho de muchas maneras. Con estas mismas palabras, lo dijiste por boca de tu siervo David: «Porque mejor es tu misericordia que la vida; mis labios te alabarán» (Salmos 63:3). Y lo dijiste en las palabras de tu apóstol Pablo, cuando gritó en prisión que su deseo era «partir y estar con Cristo, lo cual es muchísimo mejor» (Filipenses 1:23). ¡Oh Señor, cuánto mejor que la vida eres tú! ¡Pablo sí que utiliza palabras fuertes y poderosas! No solo «mejor», sino «muchísimo mejor». Eres tanto mejor que la vida, que tu apóstol dice que morir es ganancia. «El vivir es Cristo y el morir es ganancia» (v. 21). Perder todo lo que este mundo tiene para ofrecer y quedarse solamente contigo es ganancia.

¿Por qué, oh Señor, es mejor tu misericordia que la vida? De seguro David nos da la respuesta por la forma en que habla. Él no dice: «Porque mejor es tu misericordia que la vida; mis labios alabarán *tu misericordia*». ¿Qué es lo que indica? Dice que te alabará *a ti*, no a tu misericordia. «Porque mejor es tu misericordia que la vida; mis labios *te* alabarán». ¿No es esto a causa de que lo más amoroso de tu misericordia es que nos lleva hacia ti, a nuestro hogar contigo, con ojos, corazones y mentes capaces de ver las riquezas de tu gloria? Con toda tu ira removida y todos nuestros pecados perdonados, para que nada nos impida el placer de tu presencia. ¿No es esto el amor divino: la voluntad y la obra de Dios que nos da a nosotros, los pecadores, inmerecido y eterno gozo en Él? ¡Qué otra cosa podría ser el amor, si es infinito! ¡Qué mayor premio podías darnos que darte a ti mismo y saber que somos amados!

Oh Dios, sabes que en este tiempo temo que muchos de los que te llaman Señor hayan hecho de *sí mismos* el premio y la gloria de tu gracia. ¡Cuántos, Señor, han hecho de tu amor un testigo de *su propia* valía! ¿Su gozo entonces permanece en *tu* valía o en la de ellos? Han pasado muchas décadas en las que el mensaje constante del mundo, e incluso el de algunos ministros, es que el amor significa exaltar al ser humano. Y cuando los seres humanos, con esto en mente, piensan en lo que significa *tu* amor, dicen lo mismo: el amor de Dios significa exaltar al ser humano. Y como prueba de ello preguntan: «¿No te sientes amado cuando alguien nota tu valía?».

A esto respondo: Yo también sentía lo mismo. Cuando la vida era mejor que el Señor, y no al revés. Hubo un tiempo en que sentía el amor de este modo, cuando no podía concebir gozo mayor que el honor de mi nombre. Cuando estaba tan absorto en mí mismo que era inconcebible que el gozo surgiera de mi admiración, y no del hecho de ser admirado por otros. Ah, sí, sé lo que es llamar al elogio del hombre un acto de amor y tratar de justificar ese anhelo con la disposición de ofrecer lo mismo. ¡Parece muy satisfactorio este amor entre nosotros, esta mutua admiración!

Pero ahora (¡gracias a tu poderosa gracia!) veo esto como una imitación. Como algo que tiene sus raíces en el Edén, allá lejos en el tiempo. El gran destructor de nuestro amor y gozo le dijo a nuestra madre Eva: «Dios sabe muy bien que cuando coman de ese árbol se les abrirán los ojos y llegarán a ser como Dios» (Génesis 3:5, NVI). ¡Como Dios! Eva debiera haber dicho: «Ya soy como Dios». Debiera haber visto la trampa. Pero no la vio, ¡y cuántos todavía no la ven! ¡Ella ya era como Dios! Tú la hiciste así, a tu imagen. Su vocación y su designio era mostrar la imagen de la majestad de su Creador, y con su gozo y confianza, glorificarlo. Pero se sembró el pensamiento del mal: «Podría ser como Él de otra manera. Podría ser como Dios, cuya majestad se ve. Y el amor entonces se definiría por exaltarme a mí».

Así llegó al mundo esta inversión llamada pecado. Y el amor quedó entonces parado de cabeza. Me apena, Señor, el hecho de expresarlo con palabras, pero lo digo avergonzado: tu amor ya no significa que hagamos lo que debemos hacer para que tú seas nuestro gozo. Ahora significa que hacemos lo que debemos hacer para sentir nuestro propio valor. Fue un cambio triste, doblemente triste, porque no solo robó de nuestras almas el único gozo que nos satisfaría por la eternidad según tu designio, sino lo que es todavía peor, te robó a ti tu lugar de honor como tesoro en nuestras vidas.

Y todo lo que has hecho desde ese oscuro día en el Edén lo diseñaste para componer las cosas. Ah, qué historia de hechos y revelaciones has creado para hacernos volver al centro de nuestro gozo, para reclamar tu lugar de honor en el mundo, para ser Aquel a quien atesoremos más que a la vida. De cuántas maneras has dicho y mostrado: «Los he creado para mi gloria. Los he creado para mi alabanza. Los he creado para mi honor y mi nombre». Y para que no nos equivoquemos, agregaste: «En mi presencia, hay plenitud de gozo; y a mi diestra hay placeres eternos. ¡Deléitense en mí! Alégrense en mí y salten de gozo; ¡soy su grande y segura recompensa! Vengan, prueben y regocíjense aun hoy con gozo inefable y lleno de gloria».

Ah, ¡qué gran designio! Hacer de nuestro gozo el eco de tu excelencia. Hacer de nuestro placer la prueba de que ocupas ahora el lugar del tesoro en nuestras vidas. Hacer del deleite de nuestras almas la esencia de tu adoración, el espejo de tu valía. Hacer que seas glorificado en nosotros, oh Dios, cuando nos satisfacemos en ti. ¿Cómo pude, Señor, haber sido tan ciego como para pensar que ser amado por ti significaba exaltarme a mí mismo y no a ti? ¿Cómo pude mirar por un enorme telescopio diseñado para que me gozara viendo las galaxias, y ver en el cristal el tenue reflejo de mi rostro y decir: «Ahora soy feliz, soy amado»? ¿Cómo pude pararme frente a un atardecer, entre la montaña y el vasto mar, y pensar que el gozo eterno vendría de exaltarme a mí mismo?

No, Padre, el amor es esto: a un altísimo precio te has hecho mi gloria, mi motivo de ostentación. El costo de hacer de ti el tesoro de mi vida fue infinito. Enviaste a tu Hijo, el refulgente centro de tu belleza y amor. Lo entregaste a la burla, la traición, las espinas, el látigo, la vara, los puños, los clavos, la vergüenza y la muerte. ¿Para qué? Para tragar tu ira y satisfacer tu justicia, y enterrar mis pecados tan lejos como el este está del oeste y en las profundidades del mar, para que así yo pudiera volver a casa y ver la galaxia. Este es tu amor, oh Dios, y no la exaltación de mí mismo. Pero haz lo que sea necesario para que yo despierte al gozo de exaltarte a ti por toda la eternidad.

¡Cómo no sería Cristo entonces mi único motivo de gloria! No solo se entregó a sí mismo por mí, oh Dios, sino que es en sí mismo tu perfecta imagen, el refulgente centro de tu radiante ser. ¿Qué tengo yo que no provenga de Él? ¿Qué don de vida o aliento? ¿Qué promesa no ha recibido su sí en Él? ¿Qué dulce cosa —o amarga, que pronto tú endulzarás— recibí, con excepción de lo que su sangre compró? Nada merezco, sino el infierno. Y sin embargo, todo es mío en Él, y solo por su sacrificio. Oh Dios, que jamás pueda gloriarme salvo en la cruz de Cristo, mi Señor.

Y ahora, ¿pondremos la mira de nuestro tesoro en esta tierra como lo hace el mundo, nosotros, los que atesoramos a Cristo y conocemos que tu amor es mejor que la vida? ¿O te oiremos decir como antes: «Necio, esta noche vienen a pedirte tu alma; y lo que has provisto, ¿de quién será?»? Señor, que mientras el mundo esté lleno de necesidad, jamás nos sentemos diciendo: «Alma, muchos bienes tienes guardados para muchos años; repósate, come, bebe, regocíjate». Tanta falta de amor tendrá como paga un terrible fin. «Pero ¡ay de ustedes, ricos!, porque ya han recibido su consuelo» (Lucas 6:24, NVI). Temblamos ante las palabras que dijiste al rico sin corazón: «Recuerda que durante tu vida recibiste buenas cosas, y que ese hombre pobre junto a tu puerta recibió el dolor; pero ahora llega la contraparte, y él tendrá consuelo aquí, mientras tú te angustias».

Oh Dios, esas riquezas son una vida desperdiciada. Protégenos, Señor. Otórganos que oigamos y respondamos a este otro llamado de hacer «tesoro en los cielos que no se agote, donde ladrón no llega ni polilla destruye». Y cuando preguntemos: «¿Qué tesoros, señor?», te veremos sonreír. «Yo soy tu tesoro y tu gran recompensa. Soy tu alimento, tu bebida, tu vestido de fiesta y tu ganancia perdurable. Soy tu vida y tu gozo que todo lo satisface».

Sí, Señor. Eso es suficiente. Pero preguntaremos: «¿Cómo encontraremos y acumularemos este tesoro? ¿No es que solo tu gracia nos lo da y que la sangre de Jesús lo compró? ¿Cómo haremos de esta vida, esta única y breve vida que vivimos ahora, la oportunidad para acumular tesoros en el cielo?». Para responder a esto, oh Dios, lo sabes, es que escribí este libro. Y no he confiado solo en mi entendimiento ni he oído solo una voz. He intentado escudriñar tu Palabra y decir lo que tú dijiste. Esta es mi única defensa en cuanto a que hablo verdad, que he sido eco de lo que tú escribiste.

La respuesta es que en esta vida podemos comenzar a atesorar a Cristo y aquí también ganar, digamos, la capacidad de gozarnos en Él. Hay un gran peso de gloria que espera ser disfrutado por quienes crecen en el amor a Cristo. Y, ¿qué es el amor a Cristo? Es atesorar todo lo que tú eres para nosotros en Él. Es atesorar su perfección por encima de todos los tesoros del mundo. Es deleitarse en su compañía más que en la de familiares y amigos. Es abrazar todas sus promesas de que habrá más placer en su presencia que en todas las ofertas mentirosas del pecado. Es el gozo en el sabor de la gloria hoy, y la esperanza de la plenitud futura cuando lo veamos cara a cara. Es calma en el camino que Él elige para nosotros con su dolor. Es estar satisfecho de que nada viene a nosotros en vano.

Hay un tipo de gozo sereno, oh Señor, en el hecho de que Jesús nos salvó del pecado y nos mostró cómo amar. Su vida, como dijiste, fue una compra y un camino. Murió por nosotros y ahora nos llama a morir con Él. Tomó sobre sí nuestra pobreza para que nosotros en Él pudiéramos poseer las riquezas de su cielo, y nos llama ahora a utilizar nuestras riquezas para los pobres. No buscó igualarse a ti, sino que se hizo nada y cruzó el infinito abismo entre el cielo y la tierra para que pudiéramos ver lo que significan las misiones de fronteras y unirnos a Él en la obra final. ¿No es este, pues, el modo en que acumulamos tesoros en tu casa, dando nuestro dinero y a nosotros mismos para que muchos sean ricos con Dios para siempre, como lo somos nosotros?

Y digo un tipo de gozo sereno porque hay mucho sufrimiento. No puedo superar al gran apóstol Pablo que llamó a esta vida una muerte diaria y lo expresó como una paradoja: «como entristecidos, mas siempre gozosos; como pobres, mas enriqueciendo a muchos; como no teniendo nada, mas poseyéndolo todo» (2 Corintios 6:10). Oh Padre, otorga a tu iglesia que ame tu gloria más que el oro, que rompa su relación amorosa con la seguridad y la comodidad. Otórganos que busquemos primero el reino y dejemos que lo demás venga por añadidura. Concédenos que vayamos hacia la necesidad, no hacia la comodidad. Permite que el firme objetivo de nuestra seguridad en Cristo nos libere para arriesgar nuestros hogares, nuestra salud y nuestro dinero en la tierra. Ayúdanos a ver que si buscamos proteger nuestra riqueza en lugar de mostrar que no es nuestro dios, habremos desperdiciado nuestras vidas por mucho que logremos enriquecernos.

Querido Señor, tiemblo ahora al orar por los lectores lo que estoy sintiendo. Pero he probado lo que puede ser nuestra vida si yo, y ellos también, caminamos por el borde siempre presente de la muerte, sonriendo con confianza porque sabemos que si caemos, o si por casualidad nos empujan, sería ganancia. ¡Qué abandono, qué gran libertad, qué invencible decisión de amar tendríamos si eligiéramos caminar de ese modo! ¡Qué disposición a sufrir por la gloria de Cristo! ¡Qué ansiedad por mostrarle al pobre que con gozo daríamos y nos entregaríamos para que ellos se gocen en Dios por toda la eternidad! ¡Qué humildad y qué libertad de la necesidad de ser alabados y recompensados! Todas las cosas son nuestras en Cristo: el mundo, la vida, la muerte, el presente y el futuro. Todas son nuestras, y nosotros somos de Cristo. Y no merecemos nada de esto.

Y así, querido Señor, me atrevo a orar que todo lo que he escrito en este libro, si es verdad, explote con gozo que derrote el miedo, gozo en Jesucristo. Que todo corazón dubitativo recuerde lo que tú prometiste: «No te desampararé, ni te dejaré» (Hebreos 13:5). Que podamos decir entonces con confianza que venza la muerte: «El Señor es mi ayudador; no temeré lo que me pueda hacer el hombre» (Hebreos 13:6).

Señor, que ninguno de los que hayan leído estas palabras tenga que decir algún día: «La he desperdiciado». Otórganos, mediante tu Espíritu todopoderoso y tu penetrante Palabra, que quienes nombramos a Cristo Señor, lo atesoremos más que a nuestras vidas y sintamos, en lo profundo de nuestras almas, que Jesús es la vida y que la muerte es ganancia. Así podremos mostrar su valía ante todos. Y por nuestro reconocimiento, Él podrá ser alabado en todo el mundo. Que sea magnificado en la vida y en la muerte. Que todo vecindario y nación vea que el gozo en Jesús libera a su pueblo del poder de la codicia y del miedo.

Que el amor fluya de tus santos y pueda hacer, Señor, que aun cuando nos cueste la vida, los pueblos se gocen en Dios. «Te alaben los pueblos, oh Dios; todos los pueblos te alaben. Alégrense y gócense las naciones» (Salmos 67:3-4). Toma tu lugar de honor, oh Cristo, como Tesoro que todo lo satisface. Con manos temblorosas ante el trono de Dios, y dependientes por completo de tu gracia, alzamos nuestra voz y hacemos este voto solemne: Porque Dios vive y es todo lo que necesito y nada más, no desperdiciaré mi vida… en Cristo Jesús, amén.

Índice de las Escrituras

desiringGod

Todo el mundo busca ser feliz. Nuestro sitio web nació y fue diseñado con ese fin. Queremos que todas las personas en todas partes entiendan, acepten y apliquen la verdad de que Dios *se glorifica en nosotros en mayor medida cuanto más nos deleitamos en Él*. Publicamos a diario nuevos recursos impresos y audiovisuales con el objetivo de ayudarte a encontrar verdad, propósito y satisfacción eternos. Asimismo, hemos recopilado más de cuarenta años de intervenciones y escritos de John Piper, traducidos además a casi cincuenta idiomas. Todos los recursos están disponibles sin costo alguno gracias a la generosidad de personas que han sido bendecidas por el ministerio.

Si deseas acceder a más recursos para la felicidad verdadera o si deseas aprender más acerca de nuestra obra en Desiring God, te invitamos a visitar https://www.desiringGod.org. Una lista de los recursos disponibles en español se encuentra en https://www.desiringGod.org/languages/spanish.

desiringGod.org